IFRS
財務諸表の
読み方
ガイドブック

公認会計士
HASEGAWA Shigeo
長谷川茂男
著

中央経済社

はじめに

　日本でIFRSが話題になってから，かなりの時間が経過しました。IASの時代は会計専門家の間だけの話題でしたが，一時期は，書店にはIFRS関連の本が並び，IFRSブームが到来しました。米国や日本でのIFRSの強制適用は時間の問題であるとの認識が多くの人にあった時期でした。しかし，ブームは，2011年の自見金融庁長官（当時）の発言であっという間に終焉を迎えました。その後，自民党やIFRS推進派の踏ん張りがあり，現在のIFRSの任意適用の状況につながっています。任意適用の会社数はまだ物足りないといえますが，適用企業の時価総額は50％に近づいています。その意味で，IFRS適用会社の財務諸表を読むという場面も増えてきたと思われます。

　日本でのIFRSの歴史を見てみると私には懐かしささえこみ上げてきます。冷静に考えると，やはり，IFRS導入は企業にとって一大イベントということです。

　IFRSは開示において，米国基準と遜色のない基準といえます。逆にいえば，日本基準の開示要求はまだまだの感があります。IFRSの財務諸表を通じて，情報の有効性，大切さを少しでも実感していただくことを念頭に置き，潜在的な投資家の目線も入れて，本書を執筆しました。以前とは違って，近年はネットなどにより情報を確実に集められる時代となり，有価証券報告書もネットで見ることができ，印刷も可能です。しかし，情報入手後が問題で，分析力・知識力などによりその情報をどのように活用するかが重要です。

　東京証券取引所が市場区分の変更を予定していますが，世界的に活動している企業と世界への進出を希望している企業の区分を設けIFRSを強制適用するのもよいのではないかと勝手に想像しています（当然，実現はしませんが…）。金融商品の基準書の発行が完了し，一服感があるこの時点で，今一度IFRSの勉強はいかがでしょうか。

　最後に，本書の出版にご尽力いただいた中央経済社の末永芳奈氏に深く感謝の意を表したいと思います。

2021年5月

長谷川　茂男

目　次

II

§2

有価証券報告書の使い方

§3

注記別　財務諸表の読み方

§1

IFRSはどんな
会計基準？

1 IFRSの特徴は「原則主義」

　IFRSの最大の特徴は「原則主義（principles-based）」だといわれます。「原則主義」では，細部のルールは規定せず，原則のみを規定し，その結果，原則として閾値（数値基準）を設けることはしません。

　会計の世界で「原則主義」が注目されたのは，2001年頃の米国基準支持者とIFRS支持者との論争からでした。米国基準の支持者は，「IFRSは細部の規定はなく，経営者が判断することが多くなり，実務では使いものにならない」と主張し，当時はこちらの主張が優勢でした。IFRSは「原則主義」で，米国基準は「規則主義（rule-based）」ということです。

　しかし，エンロン事件の発生後，様相は一変します。エンロンは，米国基準の閾値をうまく利用し，エンロンが設立した多くのSPEを連結除外とすることで粉飾を行っていたからです。IFRSの支持者は，「米国基準は数値基準を明確に示し，過度に詳細な規則を作成したため，不心得者が，基準の本来の目的には合致しないが形式的に数値基準をクリアさせることにより，SPEを連結しないようにしてしまったのだ」と主張しました。エンロン事件以後，米国証券取引委員会（SEC）は，今後発行する新基準書については「原則主義」を採用することを発表しました。勝負ありです。ちなみに，コンバージェンス前の日本基準は，「規則主義」といえます。

　何十年という長い期間を通して，米国基準はでき上がりました。一方，IFRSのスタートは，多くの選択肢を排除した「比較可能性プロジェクト」の完成である1993年といえます。したがって，「米国基準のような詳細な規定を作成する時間的な余裕がなかったこと」と「世界的に使用することを前提とすると，国際会計基準審議会（IASB）に参加する国の利害は一致せず，原則的なことしか基準書に規定することができなかったこと」が，IFRSが「原則主義」になった実際的な理由であると個人的には思っています。

2　日本基準とIFRSの違い

　日本基準とIFRSとのコンバージェンスが進められてきた経緯から，会計処理に関する日本基準とIFRSとの違いは，コンバージェンス前と比べると大きく減少しています。しかし，依然として違いがあることも事実です。したがって，日本の企業の場合には，会社法で要求される日本基準の財務諸表を基礎に，IFRSへの修正仕訳を加えることで，IFRSの財務諸表を作成します。

　図表1－1は，日本基準とIFRSの会計処理に関する主要な違いです。また，3に示すように，注記での開示の内容と量に関しては両基準には大きな違いが存在します。開示（注記）に関する違いは§3で説明します。

| 図表1－1 | 会計処理に関する日本基準とIFRSの主な違い（○は日本基準にそのような概念がないことを示す） |

主な違い	概念がない	紹介しているページ
IFRSには売却目的保有資産の規定がある	○	－
IFRSには非継続事業の規定がある	○	－
連結の範囲の決定は，IFRSは支配基準，日本基準は持株割合を基礎にした基準により行う		65
IFRSでは非支配持分に持分を超える損失を負担させるが，日本基準では持分までの負担である		－
IFRSにはコンポーネント・アプローチの規定がある		114
IFRSでは利息の資産化は強制，日本基準ではできる規定		－
IFRSでは有形固定資産の耐用年数は経営者が決定するが，日本では税法の耐用年数は監査上妥当とされる		114
IFRSでは有形固定資産の償却方法について，日本の多くの企業が採用している定率法が認められる範囲は少ない		114

4

研究開発費については，IFRSでは条件を満たせば開発費が資産計上されるが，日本では社内用ソフトウェア等についての限定的な規定のみである		119
IFRSでは耐用年数が確定できない無形資産の規定がある		119
IFRSでは有形固定資産・無形資産の再評価モデルの規定がある		113, 119
IFRSの有形固定資産・無形資産の減損テストは１ステップ，日本基準は２ステップ		139
のれんについて，IFRSは非償却，日本基準は定額償却		213
IFRSには，のれん以外の減損の戻入れの規定があるが，日本基準では，減損の戻入れは認められない		139
IFRSには未払有給休暇の規定がある		156
年金債務の計算について，IFRSは「予測単位積増方式」，日本基準は「予測単位積増方式」と「期間定額基準」の選択		155
IFRSでは数理計算上の差異はリサイクリングが認められないが，日本基準では償却を通じてリサイクリングが認められる		155
IFRSでは長期引当金の割引を要求，日本基準は要求なし		146
IFRSでは株式発行費用は資本から控除，日本基準では費用計上か繰延資産計上		－
IFRSでは契約のための費用の資産化の規定がある	○	171
IFRSでは繰延税金資産の評価性引当金の規定がある。日本基準では繰延税金資産から評価性引当額を直接控除		－
IFRSではFVTOCI（株式）の選択が可能である	○	83
IFRSでは公正価値オプションの規定がある	○	83
IFRSの信用損失引当金は予想損失アプローチ，日本基準の貸倒引当金は発生損失アプローチ		132
両基準には，ヘッジ会計について基本的な考え方を中心に多くの違いがある		218
IFRSでは金融資産と金融負債の相殺は強制，日本基準では任意		106
IFRSは新しいリース会計，日本基準は古いリース会計		128

IFRSでは機能通貨の規定がある	○	73

　日本の親会社や子会社の帳簿は会社法の関係で日本基準で作成されるので，IFRSの財務諸表の作成にあたっては，まず日本基準の帳簿を作成した上で，日本基準からIFRSへの修正仕訳を作成します。上記の違いについて，該当があり，かつ重要性があれば，IFRSへの修正仕訳を作成することになります。

　なお，初めてIFRS財務諸表を開示するIFRSの初度適用にあたっては，日本基準からIFRSへの修正が調整表の形で示されますが，初度適用後は，上記の項目の修正の有無に関して，注記から類推することになります。のれんの会計処理などについては，日本基準との違いについてある程度の金額を把握できますが，金額的な影響を把握できない項目もあります（§3では影響が把握できる項目については示しています）。

3　IFRSの表示と開示の概要

　これからの説明では，必要に応じてIFRSの基準書を参照しています。例えば，IAS1.117はIAS第1号のパラグラフ117です。

(1)　完全な一組の財務諸表

　IFRS財務諸表の表示・開示を規定しているのは，IAS第1号「財務諸表の表示」です。IFRSでは，「完全な一組の財務諸表」という概念があり，図表1-2の財務諸表をすべて開示する必要があります（IAS1.10）。また，IFRSの財務諸表は連結財務諸表を意味します。

図表1-2　IFRSと日本基準の財務諸表

IFRSの「完全な一組の財務諸表」	日本基準の連結財務諸表
期末日の財政状態計算書（statement of financial position）	期末日の連結貸借対照表 (注3)
期間の包括利益計算書（statement of comprehensive income）(注1)	期間の連結損益計算書と連結包括利益計算書 (注2)
期間の持分変動計算書（statement of changes in equity）	期間の株主資本等変動計算書 (注3)
期間のキャッシュ・フロー計算書（statement of cash flows）	期間の連結キャッシュ・フロー計算書
注記，重要な会計方針の要約とその他の説明の情報	注記（基本となる事項（連結の範囲，持分法の適用範囲，連結子会社の事業年度，会計方針）を含む）
企業が会計方針を遡及して適用する（または財務諸表で項目の遡及修正をする）場合，または財務諸表で組替えする場合には，一番早い比較年度の期首現在の財政状態計算書（この特殊な場合に	該当なし

は，期首の財政状態計算書が要求される）	

（注1）　企業は，当年度に認識したすべての収益と費用を①単一の包括利益計算書，または②「最初の損益計算書」と「2番目の包括利益計算書（損益計算書の損益から開始し，その他の包括利益と包括利益を示す表」のいずれかで示す（IAS1.81）。
（注2）　日本基準もIFRSの（注1）と同じ取扱い。
（注3）　IFRSの財務諸表とは名称が異なるが，記載する内容はほぼ同じ。

(2)　財政状態計算書の様式

　財政状態計算書は日本の貸借対照表に該当します。様式としては，「流動・非流動区分形式の財政状態計算書」と「非区分の財政状態計算書」があります。金融業以外の場合には，「流動・非流動区分形式の財政状態計算書」が使用されます。

　また，科目の並べ方としては，流動性が高い順に並べる「流動性配列法」と流動性の低い順に並べる「固定性配列法」の双方が認められますが，日本企業はほとんど流動性配列法を採用しています。IFRSでは財政状態計算書で表示すべき20弱の科目（強制表示科目）を特定しており（IAS1.54），その内訳については「財政状態計算書」と「注記」のいずれかで開示すべきことを要求しています。また，必要な場合には，追加の科目の表示が認められます。

　IFRSの財政状態計算書の強制表示科目は以下の科目です（IAS1.54）。

表示科目	関連するIFRSの基準書
有形固定資産	IAS第16号
投資不動産	IAS第40号
無形資産	IAS第38号
金融資産（下記の持分法投資，営業債権およびその他の債権，現金および現金同等物で表示された金額を除く）	IFRS第9号
持分法投資	IAS第28号
農業資産	IAS第41号
棚卸資産	IAS第2号
営業債権およびその他の債権	IFRS第9号

8

現金および現金同等物	IFRS第9号，IAS第7号
売却目的保有に分類される資産	IFRS第5号
営業債務およびその他の債務	IFRS第9号
引当金	IAS第37号
金融負債（上記の営業債務およびその他の債務，引当金で表示された金額を除く）	IFRS第9号
法人所得税等に対する税金負債および資産	IAS第12号
繰延税金負債および繰延税金資産	IAS第12号
売却目的保有に分類された処分グループに含まれる負債	IFRS第5号
資本の部に表示される非支配持分	IAS第27号
親会社の株主に帰属する発行済資本金および剰余金	IAS第1号

⑶ 包括利益計算書

　包括利益計算書は，日本の損益計算書と包括利益計算書を合わせたものです。包括利益計算書の費用については，費用ごとに表示する「費用性質法」と売上原価，一般管理費のような機能ごとに表示する「費用機能法」の選択が認められますが，一般的には，「費用機能法」が使用されます。また，強制表示科目も財政状態計算書と同様に限定されていますが，必要な場合には，追加の科目の表示は認められます。

　IFRSの包括利益計算書の強制表示科目は以下の科目です（IAS1.81A&82）。

表示科目	関連するIFRSの基準書
収益	IAS第1号
償却原価で測定される金融資産の認識中止による損益	IFRS第9号
金融費用	IAS第1号
IFRS第9号の減損損失（減損損失の戻りを含む）	IFRS第9号
持分法損益	IAS第28号，IAS第1号
金融資産について，償却原価からFVTPL[注1]への分類変更のための組替による損益	IFRS第9号

金融資産について，FVTOCI（債券^(注2)）からFVTPLへの分類変更のための組替による損益	IFRS第9号
税金費用	IAS第12号，IAS第1号
非継続事業の損益	IFRS第5号

(注1) 損益を通じて公正価値で測定される金融資産
(注2) その他の包括利益を通じて公正価値で測定される債券

　損益及びその他の包括利益計算書では，「損益」と「その他の包括利益」の2つのセクションに追加して，以下を表示します（IAS1.81A, 81B）。

表示科目	関連するIFRSの基準書
当期損益	IAS第1号
非支配持分に帰属する損益	IAS第1号
親会社の株主に帰属する損益	IAS第1号
その他の包括利益の合計	IAS第1号
当期包括利益	IAS第1号
非支配持分に帰属する当期包括利益	IAS第1号
親会社の株主に帰属する当期包括利益	IAS第1号

　また，その他の包括利益に関しては以下の開示が要求されます（IAS1.82A）。
- その他の包括利益の性質別の金額（「その後に純損益に振り替えられることのないもの」と「その後に特定の条件を満たした時に純損益に振り替えられるもの」に区分して）
- 持分法適用会社のその他の包括利益の持分額（「その後に純損益に振り替えられることのないもの」と「その後に特定の条件を満たした時に純損益に振り替えられるもの」に区分して）

(4)　注記の記載順序

　注記は，通常，以下の順序で表示されます（IAS1.114）。以下は例示ではありますが，多くの会社がこの順序で注記を開示しています。

10

> (a) IFRSに準拠した旨の記述
> (b) 適用された重要な会計方針の要約
> (c) 財務諸表（財政状態計算書，包括利益計算書，持分変動計算書，キャッシュ・フロー計算書）に示された項目についての補足情報（各財務諸表と各項目の表示の順番で）
> (d) その他の開示（偶発負債（IAS第37号），未認識の契約上のコミットメント，非財務情報（例えばIFRS第7号「金融商品：開示」に関連した財務リスク管理目的やポリシー）を含む）

(5) 会計方針の開示

重要な会計方針の要約には，以下の2つを含みます（IAS1.117&118）。

> (a) 財務諸表作成にあたっての測定規準（歴史的原価，現在の原価，正味実現可能価額，公正価値，回収可能価額）。複数の測定規準が財務諸表で使用されている場合，各資産・負債の区分ごとに測定規準を特定しなければならない。
> (b) 財務諸表を理解するために必要なその他の会計方針（例えば，選択できる会計処理がある場合）

4 IFRSの注記の特色――財務諸表本体 での科目数は少ないが注記が膨大！

IFRSの注記に関しては，以下の特色がみられます。

(1) 財務諸表の表示科目の内訳と会計方針

財務諸表の表示科目の内訳と会計方針の概要について，注記での開示が求められますが，日本基準での会計方針の開示よりも，実務として，IFRSではより詳細な開示が行われています。

(2) 財務諸表の表示科目の内訳

財務諸表本体の強制表示科目数は，日本基準のひな形よりかなり少なく，かつ，IFRSでは強制表示科目の内訳については注記で開示されます。

以下に日本基準の連結貸借対照表と連結損益計算書のひな形を示しました。41ページ以降の本田の開示例と比較してみてください。

■連結貸借対照表（著者が連結財務諸表規則を基礎に作成）

（単位：百万円）

	前連結会計年度 （XX年3月31日）	当連結会計年度 （XX年3月31日）
（資産の部）		
流動資産 (注1)		
現金及び預金	XXX	XXX
受取手形	XXX	XXX
売掛金	XXX	XXX
契約資産	XXX	XXX
リース債権及びリース投資資産	XXX	XXX
有価証券	XXX	XXX
商品及び製品	XXX	XXX

仕掛品	XXX	XXX
原材料及び貯蔵品	XXX	XXX
その他 ^(注2)	XXX	XXX
貸倒引当金	XXX	XXX
流動資産合計	XXX	XXX
固定資産		
有形固定資産 ^(注3)	XXX	XXX
建物及び構築物	XXX	XXX
機械装置及び運搬具	XXX	XXX
土地	XXX	XXX
リース資産	XXX	XXX
建設仮勘定	XXX	XXX
その他	XXX	XXX
減価償却累計額	XXX	XXX
有形固定資産合計	XXX	XXX
無形固定資産		
のれん ^(注4)	XXX	XXX
リース資産 ^(注4)	XXX	XXX
公共施設等運営権	XXX	XXX
その他	XXX	XXX
無形固定資産合計	XXX	XXX
投資その他の資産		
投資有価証券	XXX	XXX
長期貸付金	XXX	XXX
退職給付に係る資産	XXX	XXX
繰延税金資産	XXX	XXX
その他	XXX	XXX
貸倒引当金	XXX	XXX
投資その他の資産合計	XXX	XXX
固定資産合計	XXX	XXX
繰延資産 ^(注3)		
株式交付費	XXX	XXX
社債発行費	XXX	XXX
開発費	XXX	XXX

	前連結会計年度	当連結会計年度
繰延資産合計	XXX	XXX
資産合計	XXX	XXX

(注1)　「その他」以外の項目の金額が資産の総額の100分の１以下で，他の項目に属する資産と一括して表示することが適当であると認められるものについては，適当な名称を付した科目で一括して掲記することができる。

(注2)　金額が資産の総額の100分の５を超えるものについては，当該資産を示す名称を付した科目で別に掲記しなければならない。

(注3)　「その他」以外の項目の金額が資産の総額の100分の１以下で，他の項目に属する資産と一括して表示することが適当であると認められるものについては，適当な名称を付した科目で一括して掲記することができる。

(注4)　資産の金額が資産の総額の100分の１以下である場合には，その他として掲記することができる。

(単位：百万円)

	前連結会計年度 (XX年３月31日)	当連結会計年度 (XX年３月31日)
(負債の部)		
流動負債 (注1)		
支払手形及び買掛金	XXX	XXX
短期借入金	XXX	XXX
リース債務	XXX	XXX
未払法人税等	XXX	XXX
契約負債	XXX	XXX
引当金	XXX	XXX
資産除去債務	XXX	XXX
公共施設等運営権に係る負債	XXX	XXX
その他	XXX	XXX
流動負債合計	XXX	XXX
固定負債		
社債	XXX	XXX
長期借入金	XXX	XXX
リース債務	XXX	XXX
繰延税金負債	XXX	XXX
引当金	XXX	XXX
退職給付に係る負債	XXX	XXX
資産除去債務	XXX	XXX

14

公共施設等運営権に係る負債	XXX	XXX
その他	XXX	XXX
固定負債合計	XXX	XXX
負債合計	XXX	XXX
（純資産の部）		
株主資本	XXX	XXX
資本金	XXX	XXX
資本剰余金	XXX	XXX
利益剰余金	XXX	XXX
自己株式	XXX	XXX
株主資本合計	XXX	XXX
その他の包括利益累計額	XXX	XXX
その他有価証券評価差額金	XXX	XXX
繰延ヘッジ損益	XXX	XXX
為替換算調整勘定	XXX	XXX
退職給付に係る調整累計額	XXX	XXX
その他の包括利益累計額合計	XXX	XXX
非支配株主持分	XXX	XXX
純資産合計^(注2)	XXX	XXX
負債・純資産合計	XXX	XXX

（注1）　契約負債と引当金以外の項目に属する負債の金額が負債の総額の100分の1以下のもので，他の項目に属する負債と一括して表示することが適当であると認められるものについては，適当な名称を付した科目で一括して掲記することができる。
（注2）　1株当たり純資産の開示要求がある。

連結損益及び包括利益計算書に関する様式（金融庁総務企画局の平成28年12月の
「連結財務諸表の用語，様式及び作成方法に関する規則」の取扱いに関する留意事項
について（連結財務諸表規則ガイドライン）より（著者が一部修正））

■連結損益及び包括利益計算書

（単位：百万円）

	前連結会計年度 （自 XX年4月1日 至 XX年3月31日）	当連結会計年度 （自 XX年4月1日 至 XX年3月31日）
売上高	XXX	XXX
売上原価	XXX	XXX
売上総利益（又は売上総損失）	XXX	XXX
販売費及び一般管理費	XXX	XXX
・・・・・・・・・	XXX	XXX
・・・・・・・・・	XXX	XXX
販売費及び一般管理費合計	XXX	XXX
営業利益（又は営業損失）	XXX	XXX
営業外収益		
受取利息	XXX	XXX
受取配当金	XXX	XXX
有価証券売却益	XXX	XXX
持分法による投資利益	XXX	XXX
・・・・・・・・・(注)	XXX	XXX
・・・・・・・・・	XXX	XXX
営業外収益合計	XXX	XXX
営業外費用		
支払利息	XXX	XXX
有価証券売却損	XXX	XXX
持分法による投資損失	XXX	XXX
・・・・・・・・・(注)	XXX	XXX
・・・・・・・・・	XXX	XXX
営業外費用合計	XXX	XXX
経常利益（又は経常損失）	XXX	XXX
特別利益		
固定資産売却益	XXX	XXX

負ののれん発生益	XXX	XXX
・・・・・・・・・（注）	XXX	XXX
・・・・・・・・・	XXX	XXX
特別利益合計	XXX	XXX
特別損失		
固定資産売却損	XXX	XXX
減損損失	XXX	XXX
災害による損失	XXX	XXX
・・・・・・・・・・（注）	XXX	XXX
・・・・・・・・・	XXX	XXX
特別損失合計	XXX	XXX
税金等調整前当期純利益（又は税金等調整前当期純損失）	XXX	XXX
法人税，住民税及び事業税	XXX	XXX
法人税等調整額	XXX	XXX
法人税等合計	XXX	XXX
当期純利益（又は当期純損失）	XXX	XXX
（内訳）		
親会社株主に帰属する当期純利益（又は親会社株主に帰属する当期純損失）	XXX	XXX
非支配株主に帰属する当期純利益（又は非支配株主に帰属する当期純損失）	XXX	XXX
その他の包括利益	XXX	XXX
その他有価証券評価差額金	XXX	XXX
繰延ヘッジ損益	XXX	XXX
為替換算調整勘定	XXX	XXX
退職給付に係る調整額	XXX	XXX
持分法適用会社に対する持分相当額	XXX	XXX
・・・・・・・・・	XXX	XXX
その他の包括利益合計	XXX	XXX
包括利益	XXX	XXX
（内訳）		
親会社株主に係る包括利益	XXX	XXX
非支配株主に係る包括利益	XXX	XXX

（注）　総額の100分の10以下のもので一括して表示することが適当であると認められる場合，当該利益・損失を一括して示す名称を付した科目で掲記することができる。

⑶　財務諸表の表示科目の増減表

多くの増減表（期首残高，期末残高，および期首残高と期末残高の間の変動要因の金額を表で示したもの）の開示が要求されます（有形固定資産，無形資産，引当金など）。増減表の開示により，増減の内容（増加と減少やその他の項目）を知ることができます。増減表が示されないと増減の純額しか知ることができません。日本では，会社法で附属明細書として固定資産や引当金の増減表の開示が要求されますが，金商法では増減表の開示の要求はほとんどありません（その他の包括利益累計額については増減表といえる開示が要求されます）。

⑷　IFRSで開示が要求されるその他の事項

注記で開示が要求される事項が，日本基準に比べて圧倒的に多くなっています。そのため，IFRSでは注記の数が日本基準に比べ，かなり多くなっています。

IAS第 1 号第31項では「企業は，IFRSで要求されている具体的な開示がもたらす情報に重要性がない場合には，当該開示を提供する必要はない。また，企業は，IFRSにおける具体的な要求事項に準拠するだけでは，特定の取引，その他の事象および状況が企業の財政状態および財務業績に与えている影響を財務諸表利用者が理解できるようにするのに不十分である場合には，追加的な開示を提供すべきかどうかも検討しなければならない」と規定しており，重要性のない開示は必要がないことを示し，開示要求がない項目についても追加の開示をすることを要請しています。

5 IFRSのMD&A

(1) MD&Aとセグメント情報との関係

　財務諸表の利用者からの改善要求等により，1997年に公表された新基準書では，マネジメント（経営上の最高意思決定者（Chief Operating Decision Maker）が管理目的に使用しているセグメントを財務諸表のために使用するという「マネジメント・アプローチ」がIFRSでも採用されました。この手法は，日本基準でも導入されました。

(2) 実務記述書

　MD&A（Management Discussion & Analysis）は，米国で最初に開示が要求されたもので，当期と前期の財務数値の増減，その理由，および将来の企業の趨勢などを説明するもので，財務諸表以外の部分で開示される非財務情報の1つです。

　IASBは，2010年12月に「Practice Statement（実務記述書）－Management commentary（経営者による説明）」を公表しました。この「Practice Statement」は強制力のないフレームワークで，IFRSには含まれません。「経営者による説明」は，米国のMD&Aに相当します。

　注意点等は以下のとおりですが，主たる点の概要はSECのMD&Aに関するガイダンスとほぼ同じ内容です。

(a) 経営者による説明は，関連する財務情報についての背景を示す統合的な情報を財務諸表の利用者に提供すべきである。このような情報は，良い状況と悪い状況の双方を含めて，何が起こったのかだけでなく，なぜそれが起こったのか及び企業の将来に対してどのような影響があるのかに関する経営者の見解を説明する。

(b)　最も重要な情報に焦点を当てて，この実務記述書で示している原則
を取り扱うことを意図した方法で表示されるべきである。

(c)　経営者による説明は，関連する財務諸表と整合したものとすべきで
ある。財務諸表がセグメント情報を含んでいる場合には，経営者によ
る説明に表示される情報は，当該セグメント区分を反映すべきである。

(d)　実務上可能な場合には，経営者は，経営者による説明において，財
務諸表の注記で行っている開示との重複を避けるべきである。

(e)　財務諸表の情報を分析なしに列挙したり，企業の過去の業績または
見通しに関する洞察を与えない紋切り型の検討を示すことは，財務報
告書の利用者に有用な情報を提供する可能性は低く，企業が直面して
いる最も重大な事項を利用者が識別し理解することの障害となる可能
性がある。

(f)　経営者は，「企業の実務や状況に関係のない一般的な開示」や，「よ
り重要な情報を見つけにくくするような重要性のない開示」を避ける
べきである。

(g)　経営者は，財務報告の利用者が企業及び企業が営業を行っている外
部環境について理解を得るのに役立つように事業についての記述を提
供すべきである。

　日本では，2003年4月1日以降に開始する事業年度に係る有価証券報告書か
ら，「経営者による財政状態及び経営成績の討議と分析」が要求されており，
これがMD&Aに相当します。日本のMD&Aは紋切り型で，量的にも乏しいと
いう批判が多くあります。実務記述書は財務諸表に関係しないので，直接的に
はIFRSを採用する日本企業には影響を与えませんが，有価証券報告書のMD&
Aでの開示に関しては実務記述書を参考にすべきと考えます。

6 IFRS財務諸表を読む13のポイント

　ここで，IFRS財務諸表を読むときのポイントを挙げたいと思います。これらは，主に，日本基準を適用する企業とIFRSを適用する企業との比較の観点からのポイントといえます。

①　のれん（211ページ参照）

　日本基準とIFRSとの会計処理の違いで，損益に重要な影響を与えると思われるのがのれんの会計処理です。IFRSは非償却で，日本基準は償却です。注記の増減表からのれんの金額や減損の金額を知ることができ，日本基準のように償却をした場合の金額も把握することが可能です。減損の最大の金額はのれんの残高ですので，のれんの減損のリスクの評価も可能です。

②　FVTOCI（株式）（80ページ参照）

　日本の企業の多くは，持合株式を保有しています。日本基準とIFRSの会計処理は，株式の評価に違いがあります。FVTOCI（株式）（その他の包括利益を通じて公正価値で測定する選択をした金融資産（資本性証券））の取扱いは日本にはありません。FVTOCI（株式）の会計処理には売却の概念はないので，株式売却時に損益が計上されることはありません。ただし，注記により，売却時の損益計上額の把握ができます。

③　金融リスクとヘッジ（214ページ参照）

　IFRSの注記では金融リスクと対応する手段（通常はデリバティブ）に関して，多くの開示を求めています。「ヘッジ会計」については，基本的な考え方が日本基準とIFRSで異なっています。IFRSの「ヘッジ会計」を理解したうえで，金融リスクにどのように対応しているかを注記から理解することは重要です。

④　信用損失（132ページ参照）

　貸倒引当金に関して，IFRSは日本基準と異なったアプローチを採用しています。IFRSは，より早期に貸倒れを認識するアプローチを採用しています。注記では資産に関する引当金のレベルの考え方の情報が読み取れます。

⑤　その他の包括利益（164ページ参照）

　日本基準もIFRSもその他の包括利益の概念を導入していますが，その他の包括利益累計額から損益の振替（リサイクリング）の取扱いが異なり，日本企業が認めているリサイクリングをIFRSは原則として禁止しています。リサイクリング禁止による影響を注記から知ることができます。

⑥　リース会計（57ページ参照）

　IFRSは，旧リース基準（現行の日本基準とほぼ同じ）のオペレーティング・リースの「借手」の会計処理について，資産と負債を計上する新しいリース基準書を導入しています。資産と負債の計上は，財務数値に影響を与えます。注記からはその影響額を知ることができます。

⑦　年金会計（155ページ参照）

　年金会計については，数理計算上の差異の会計処理（IFRSはリサイクリング禁止）を除いて，日本基準とIFRSの間に大きな違いはありません。しかし，IFRS財務諸表では感応度分析など，より多くの情報が注記で開示されています。基本的には，積み立て状況（年金債務と制度資産の差額）が重要ですが，日本基準にはない情報について理解することが重要です。

⑧　繰延税金資産（181ページ参照）

　日本基準でも繰越欠損金の消滅年度などの開示が追加されましたが，IFRSの注記では，潜在的な繰延税金資産の金額などを知る情報が開示されています。

⑨　研究開発費（121ページ参照）

　IFRSでは，研究開発費については，条件を満たした開発費は資産計上が可能です。注記から資産計上した開発費の金額を把握し，償却費により損益への影響を知ることができます。

⑩　資本の管理（157ページ参照）

　IFRSでは，資本の管理について開示を要求しており，資金調達の方針が開示されます。また，流動性リスクへの対応として，信用供与枠などの資金が不足する事態での資金獲得のための情報が提供されています。これらの情報により，より的確に資金の状況を知ることができます。

⑪　重要な見積りと判断（59ページ参照）

　IFRSでは，経営者が行った重要な見積りと判断が注記で開示されます。日本基準でも2021年3月期から同様の開示を行うことが予定されていますが，公正価値を駆使している現代の会計のわかりにくさを象徴する「見積り」について理解を深めることが重要です。

⑫　MD＆A（19ページ参照）

　日本基準の会社の有価証券報告書のMD＆Aよりも多くの有用な情報が含まれています。セグメント情報とともに読んでみるとよいでしょう。

⑬　リスク情報（31ページ参照）

　有価証券報告書の「事業等のリスク」は，企業の置かれている現状を想像できる情報を含んでいます。事業リスクの中には会計上のリスクも含まれており，財務諸表の理解に役立ちます。

7 実務記述書第2号と「重要性」についての開示ガイダンス

　以下は，IASBが2016年から取り組んでいた財務報告の改善を目的とした「開示イニシアティブ」の結果であり，これらは財務諸表利用者に適切な情報を提供することを目的としています。

(1) 実務記述書第2号

　IASBは，5で紹介した「経営者による説明」のほかにもう1つ実務記述書を発行しています。2016年11月に公表した実務記述書第2号「重要性の判断の行使」です。この実務記述書は開示に関するガイダンスで，企業が情報に重要性があるかどうかを判断するための有用なプロセスの設例として，以下の「4段階の重要性プロセス」を紹介しています。

（ステップ1）識別

　　財務諸表利用者が理解する必要がある取引やその他の事象および状況についての情報を識別する。識別にあたり，取引やその他の事象および状況に適用されるIFRSの要求を検討する。

（ステップ2）評価

　　ステップ1で識別された情報について，重要性があるかどうかを評価する。評価にあたり，定量的な要素と定性的な要素の双方を検討する。

（ステップ3）整理

　　明確で具体的な情報の提供のために，当該情報を財務諸表の中で整理する。

（ステップ4）レビュー

　　情報が個別として重要性があるのか，他の情報と合算すると重要性があるのかを検討する。最後のステップの検討により，新たに重要性があると判断された情報が追加され，合算して検討した結果，重要性がないと判断された情報は除外される。

⑵ IAS第1号とIAS第8号の改訂──重要性

IASBは，2018年10月に，重要性を定義しているIAS第1号「財務諸表の表示」とIAS第8号「会計方針，会計上の見積りの変更及び誤謬」の改訂を公表しました。

改訂前は，「重要性がある」とは「項目の脱漏または誤表示が，利用者が財務諸表を基礎として行う経済的意思決定に，単独で，または総体として影響を与える可能性がある場合」と定義されていました。改訂後の新しい定義では，「情報は，それを省略，誤表示，または覆い隠したときに，報告企業の財務情報を提供する財務諸表の主要な利用者が当該財務諸表に基づいて行う意思決定に影響を与えると合理的に予想し得る場合」になりました。

⑶ IAS第1号と実務記述書第2号の改訂

IASBは，2021年2月12日に，「重要な会計方針」ではなく，「重要性のある会計方針」の開示を要求するために，IAS第1号と実務記述書第2号の改訂を公表しました。この改訂は，2023年1月1日以後開始年度から適用されます。

主な改訂点は以下のとおりです。

- 企業は，「**重要な**会計方針（significant accounting policies）」に代えて「**重要性のある**会計方針の情報（material accounting policy information）」の開示が要求される。
- 関連する金額に重要性がなくても，その性質のために会計方針の情報に重要性がある場合があることを明確にしている。
- 企業が「重要性のない会計方針」の情報を開示する場合，そのような情報が「重要性のある会計方針の情報」を覆い隠してはならないことを明確にしている。
- IAS第1号の改訂の支援のため，「4段階の重要性プロセス」の適用にあたり，実務記述書第2号にガイダンスと設例を追加する。

⑷ IAS第8号の改訂

⑶の改訂と同時に，IASBは，「会計方針」と「会計上の見積り」の区分を明

確にするために，IAS第8号「会計方針，会計上の見積りの変更及び誤謬」を改訂しました。

　主な改訂点は以下のとおりです。

- 会計上の見積りを「測定に不確実性が存在する財務諸表の貨幣金額の測定である」と定義する。
- 会計方針が不確実性を含む方法で財務諸表の項目を測定することを要求している場合に，会計上の見積りが行われることを明確にしている。
- 過年度の誤謬の訂正ではない場合，インプットまたは測定技法の会計上の見積りの変更の影響は，会計上の見積りの変更である。

§2

有価証券報告書の
使い方

1 有価証券報告書の内容

　有価証券報告書で示される内容は財務情報とそれ以外（非財務情報）に区分されます。財務諸表は，数値により企業の活動の結果を示すもので，大変重要ですが，近年は，非財務情報の重要性が叫ばれています。財務諸表に表示されない無形資産（自己が創設した無形資産（ブランド，人材，顧客リストなど））が存在し，また，コンプライアンス，リスクマネジメント，内部統制，人権，労働慣行なども財務諸表には示されません。それらを加味しない限り，本来の会社の価値は判断できないという傾向が強まっています。近年，話題になっている非財務情報に関連する事項を以下に示しました。これらの項目も有価証券報告書に含まれることが多くなっています。

① ESG

　ESGとは，「Environment（環境），Social（社会），Governance（ガバナンス）」のことです。企業の長期的な成長には，収益性のみならず，ESGへの取組みが重要であるという評価が広まり，ESGに積極的に取り組む企業に投資する「ESG投資」が，大幅に拡大しています。企業もそれに対応して，積極的にESGに関する取組みを始めています。

② SDGs

　SDGs（Sustainable Development Goals（持続可能な開発目標））は，2015年9月の国連サミットで採択された「2030年までに持続可能で多様性と包摂性のある社会を実現する」ための国際的な目標です。貧困や飢餓，保険，教育，ジェンダー，水・衛生，エネルギー，不平等，気候変動，陸上資源など17の目標が定められ，さらに詳細な169のターゲットも示されています。各国政府や特定の企業もSDGsに主体的に取り組んでいます。新聞やテレビでもSDGsに関するものが多く見受けられるようになっています。

③　気候変動リスクへの対応

　SDGsにも気候変動リスクは含まれていますが，有価証券報告書（事業等の
リスク）などで，CO_2削減にどれほど貢献できるか等の記述が増えています。

　これらに取り組んでいる企業は，その対応を外部に知らせるための，有価証
券報告書以外の手段も用意しています。それが，CSR報告書であり，統合報告
書です。CSR報告書や統合報告書が以前よりも脚光を浴びているのが現状です。

　最後に，有価証券に含まれる非財務情報ですが，財務情報により近い存在の
MD&Aと企業のリスクを開示する事業リスクが企業を理解するうえで重要で
す。事業リスクには会計上のリスクも含まれ，現在話題になっているKAM
（Key Audit Matters）も含まれる可能性があります。日本では，2021年3月
期からの監査人の監査報告書に，監査人が監査上で重要なリスクがあると認識
した事項（KAM），KAM選択の理由，KAMの監査対応が示されます。

2 有価証券報告書の読み方（全般）

　有価証券報告書は，企業の外部の者が入手できる重要な情報源です。有価証券報告書には，かなりの量の情報が含まれ，以下のように，利用者が知りたいことにさまざまな情報が対応しています。

- 企業の規模
  売上高，利益金額，従業員数，営業地域，世界の拠点数
- 他の企業との差別化
  ノウハウ，特許，人材，IR能力，ガバナンス
- 企業を取り巻く環境
  事業リスク，売上の構成，集中のリスク
- 資金状況
  含み益，簿外債務，将来の債務支払金額，信用枠，格付け
- 将来の展望
  当期の事業状況，来年度の収益予想，将来の予算，属する業界，業界での位置

　情報は，財務情報と非財務情報に区分されますが，財務諸表本体と注記（会計方針，内訳，増減表，その他の説明）は財務情報を，その他の情報は非財務情報を提供します。上記の情報のある程度は有価証券報告書から入手できます。また，情報の入手後は，同業他社との比較が必要となることが多いと思われます。

　例えば，§3で開示のサンプルとした本田技研工業株式会社（以下「本田」）の有価証券報告書では，以下の非財務情報が開示されています。

■事業等のリスク（表題のみ）

(1) 地域リスク

(2) 情報セキュリティリスク

(3) 他社との業務提携・合弁リスク

(4) 知的財産リスク

(5) 自然災害等リスク

(6) 金融・経済リスク

  ① 経済動向，景気変動リスク

  ② 為替変動リスク

(7) 市場環境変化リスク

(8) 金融事業特有のリスク

(9) 購買・調達リスク

(10) 法務リスク

(11) 退職後給付に関わるリスク

(12) ブランドイメージに関連するリスク

■信用格付

　当社および連結子会社が発行する短期および長期債券は，ムーディーズ・インベスターズ・サービス，スタンダード・アンド・プアーズおよび格付投資情報センターなどから，2020年3月31日現在，以下の信用格付を受けています。

	信用格付	
	短期格付	長期格付
ムーディーズ・インベスターズ・サービス	P - 2	A 3
スタンダード・アンド・プアーズ	A - 1	A
格付投資情報センター	a - 1 +	AA

　なお，金融庁は毎年「記述情報の開示の好事例集」を公表しており，最新版は「記述情報の開示の好事例集2020」です。発行の目的は，記述情報（非財務

32

情報）の適切な開示の拡大と思われます。その中でESG，対処すべき課題，事業等のリスク，MD＆Aなどの好事例を示しており，参考になります。

§ 3

注記別
財務諸表の読み方

　本セクションでは，IFRS財務諸表の読み方やポイントを説明します。IFRS財務諸表では，会社の採用した会計処理が「会計方針の概要」で示されています。また，財務諸表本体で示された数値に関連する情報は注記で記載されています。注記で開示される情報は，通常，各IFRSの基準書で開示が要求されている（強制されている）ものです。したがって，数値の根拠を知るには注記を読む必要があります。

　本書の基本的なアプローチは，IFRS財務諸表を公表している会社の中から１社を選択し，その会社の開示を基礎に首尾一貫したIFRS財務諸表の説明をすることです。１社を選択して説明することにより，１つの会社の概要・状況を念頭において，財務諸表の本体と注記の関連を明確に示すことができます。

　本書ではその１社として，IFRS任意適用会社の中から本田技研工業株式会社（以下「本田」。2020年３月期の有価証券報告書）を選びました。その理由は以下のとおりです。

- 米国で上場している会社であること
  SECの定期的なレビューが実施される米国基準適用会社は，一般的に基準を厳しく適用し，緊張感をもって，開示を含む財務諸表を作成しています。米国基準ではIFRS同様に詳細な注記が要求され，米国基準採用会社には注記の開示について豊富な経験があります。本田は1977年にニューヨーク証券取引所に上場しており，日本で四半期財務諸表の提出が要求される前から，米国基準の四半期財務諸表を作成し，SECに提出していた３社のうちの１つでした（他の２社はソニーとパイオニア）。
- 過去に米国基準を適用しており，IFRSに移行した会社であること
  米国で海外上場企業についてIFRSへの移行が認められたことから，本田は2015年３月期に米国基準からIFRSに移行しています（現在もSECに年次報告書（様式20-F）を提出している）。
- 多くの企業と共通事項が多い製造・販売業の会社（金融業等ではなく）であり，他の企業の財務諸表を読む上で参考になること

　2009年12月に，ニューヨーク市場に上場している日本企業の数は17社でしたが，上場廃止する企業が相次ぎ，現在では10社未満となっています。ニューヨーク市場に上場している日本企業のうち，IFRSを採用しているのは本田だけです。トヨタは2021年３月期からIFRSに移行し，ソニーは2022年３月期か

らIFRSへ移行する予定です。このような状況から上記の選択の条件を満たしたのは本田だけでした。

　本田は，SECに年次報告書（20-F）を提出しています。米国の財務諸表の利用者と日本の財務諸表の利用者に同じ情報を提供するという観点から，有価証券報告書の財務諸表の部分は20-Fの翻訳版という位置づけになると思われます。本田は，SECに年次報告書（様式20-F）を2020年6月19日に提出し，同日に有価証券報告書も提出しています。

　図表3-1は，本田の有価証券報告書の「第5　経理の状況」の内容です。【連結財務諸表注記】の「3　重要な会計方針」(1)～(16)の項目にあるかっこはこれらの会計方針と関連性のある個別注記で，本書では一緒に解説しています。

　なお，他のIFRS適用会社についても注記4以降の注記の数は違いますが，本田と同様の順番になります。

図表3-1	本田の有価証券報告書の「第5　経理の状況」の内容（かっこの中は関連する個別注記）

第5　経理の状況	本書のページ
1．連結財務諸表及び財務諸表の作成方法について 2．監査証明について 3．連結財務諸表等の適正性を確保するための特段の取組み及びIFRSに基づいて連結財務諸表等を適正に作成することができる体制の整備について	39ページ
1【連結財務諸表等】	
(1)【連結財務諸表】	
①【連結財政状態計算書】	41ページ
②【連結損益計算書及び連結包括利益計算書】	44ページ
③【連結持分変動計算書】	47ページ
④【連結キャッシュ・フロー計算書】	49ページ
【連結財務諸表注記】	
1．報告企業	52ページ
2．作成の基礎	
(1) 連結財務諸表がIFRSに準拠している旨の記載	53ページ
(2) 測定の基礎	53ページ
(3) 機能通貨および表示通貨	54ページ
(4) 会計方針の変更	54ページ

36

　以下では，基本的には図表3-1の順に解説しています。

　なお，注記4〜31のうち，注記3「重要な会計方針」と内容の関連性があるものについては，注記3と一緒に説明します。そのため，解説の順番が前後したり，複数ページにわたるものがあります。解説ページは図表3-1を見てください。

　説明にあたっては，以下の方針としています。

- 注記の開示例の中に筆者が追加した見出しは　著者注：　で示しています。
- 41ページ以降では，説明上，「その他の包括利益を通じて公正価値で測定する金融資産」を「FVTOCI（債券）の金融資産」，「純損益を通じて公正価値で測定する金融資産（負債）」を「FVTPLの金融資産（負債）」，「その他の包括利益を通じて公正価値で測定する選択をした金融資産〈資本性証券〉」を「FVTOCI（株式）」としています。
- IFRSの会計処理や開示要求の規定を《　》で示しています。
- 各項目について，**ポイント**，日本基準との違い と，必要に応じて，筆者の行った調整と分析を示しています。
- 本書は会計処理の説明を主眼としていませんが，注記での開示の理解のためには会計処理の知識も必要であるため，「金融資産のその後の測定」，

「資産の減損」,「その他の包括利益」,「収益認識基準」,「税効果会計」,「ヘッジ会計」については, 会計処理のまとめ として説明しています。

　本田の開示例では, 他の企業である程度該当すると考えられる「企業結合」,「ヘッジ会計」,「のれん」,「ストック・オプション」,「希薄化後1株当たり利益」については該当がないため, 触れられていません。そのため,「のれん」,「希薄化後1株当たり利益」については, IFRS任意適用企業である「三井物産株式会社」(以下「三井物産」)の例を関連部分に追加して示しました。また,「企業結合」,「ヘッジ会計」についてはIFRS任意適用企業である「株式会社日立製作所」(以下「日立」)の例を最後に追加しています。双方ともかつては米国で上場しており(現在は上場廃止), 米国基準からIFRSに移行した会社です。

　IFRSの財務諸表の開示例については, 2016年3月に金融庁から「IFRSに基づく連結財務諸表の開示例」が公表されています。公表後に, 新たに発行されたIFRSの基準書に関するアップデートはされていませんが, 一見の価値はあります。大手監査法人からも開示例が公表されており, ネットで見ることができます。

1　連結財務諸表作成の基礎を読む

　有価証券報告書では，まず連結財務諸表の作成の基礎となる事項が示されます。

1　連結財務諸表及び財務諸表の作成方法について
　⑴　当社の連結財務諸表は，「連結財務諸表の用語，様式及び作成方法に関する規則」(1976年（昭和51年）大蔵省令第28号，以下「連結財務諸表規則」という。) 第93条の規定により，国際会計基準（以下「IFRS」という。）に準拠して作成しています。

　⑵　当社の財務諸表は，「財務諸表等の用語，様式及び作成方法に関する規則」(1963年（昭和38年）大蔵省令第59号，以下「財務諸表等規則」という。）に基づいて作成しています。
（著者注：一部省略）

2　監査証明について
　当社は，金融商品取引法第193条の2第1項の規定に基づき，連結会計年度（2019年4月1日から2020年3月31日まで）の連結財務諸表および事業年度（2019年4月1日から2020年3月31日まで）の財務諸表について，有限責任 あずさ監査法人により監査を受けています。

3　連結財務諸表等の適正性を確保するための特段の取組み及びIFRSに基づいて連結財務諸表等を適正に作成することができる体制の整備について
　当社は，連結財務諸表等の適正性を確保するための特段の取組み及びIFRSに基づいて連結財務諸表等を適正に作成することができる体制の整備を行っています。その内容は，以下のとおりです。

(1)　会計基準等の内容を適切に把握し，会計基準等の変更等について的確に対応するため，公益財団法人財務会計基準機構へ加入するなど，情報収集に努めています。

(2)　IFRSの適用については，国際会計基準審議会（以下「IASB」という。）が公表するプレスリリースや基準書を随時入手し，最新の基準の把握を行っています。また，IFRSに基づいて連結財務諸表を適正に作成するため，IFRSに準拠したグループ会計方針および関連する会計指針を作成し，これらに基づいてグループで統一した会計処理を行っています。

(3)　代表取締役社長および担当の取締役による開示内容の正確性・的確性の確認を補佐するために，担当の執行職などによって構成される「ディスクロージャー委員会」をおき，開示内容について審議しています。

ポイント

☑　1はIFRSの使用に適格であること（3⑴参照），2は監査を受けている旨，3は以下の **3** に示したIFRSを使用できる具体的な条件を満たしていることを示しています。他のIFRS任意適用会社でも，同様な開示がされます。

2　財務諸表の本体──4つの財務諸表

1　連結財政状態計算書

（単位：百万円）

	注記番号	前連結会計年度末（2019年3月31日）	当連結会計年度末（2020年3月31日）
（資産の部）			
流動資産			
現金及び現金同等物	5	2,494,121	2,672,353
営業債権	6	793,245	633,909
金融サービスに係る債権	7	1,951,633	1,878,358
その他の金融資産	8	163,274	190,053
棚卸資産	9	1,586,787	1,560,568
その他の流動資産		358,234	365,769
流動資産合計		7,347,294	7,301,010
非流動資産			
持分法で会計処理されている投資	10	713,039	655,475
金融サービスに係る債権	7	3,453,617	3,282,807
その他の金融資産	8	417,149	441,724
オペレーティング・リース資産	11	4,448,849	4,626,063
有形固定資産	12	2,981,840	3,051,704
無形資産	13	744,368	760,434
繰延税金資産	23	150,318	132,553
その他の非流動資産		162,648	209,695
非流動資産合計		13,071,828	13,160,455
資産合計		20,419,122	20,461,465

著者注：各科目の会計処理や数字の根拠は注記番号に示された注記と合わせて読みます。太字は著者による（以下1, 2同じ）。

（単位：百万円）

	注記番号	前連結会計年度末 （2019年3月31日）	当連結会計年度末 （2020年3月31日）
（負債及び資本の部）			
流動負債			
営業債務	14	1,184,882	958,469
資金調達に係る債務	15	3,188,782	3,248,457
未払費用		476,300	449,716
その他の金融負債	16	132,910	209,065
未払法人所得税		49,726	43,759
引当金	17	348,763	287,175
その他の流動負債		599,761	593,447
流動負債合計		5,981,124	5,790,088
非流動負債			
資金調達に係る債務	15	4,142,338	4,221,229
その他の金融負債	16	63,689	303,570
退職給付に係る負債	18	398,803	578,909
引当金	17	220,745	238,439
繰延税金負債	23	727,411	698,868
その他の非流動負債		319,222	344,339
非流動負債合計		5,872,208	6,385,354
負債合計		11,853,332	12,175,442
資本			
資本金		86,067	86,067
資本剰余金		171,460	171,823
自己株式		△177,827	△273,940
利益剰余金		7,973,637	8,142,948
その他の資本の構成要素		214,383	△114,639
親会社の所有者に帰属する持分合計		8,267,720	8,012,259
非支配持分		298,070	273,764
資本合計	19	8,565,790	8,286,023
負債及び資本合計		20,419,122	20,461,465

ポイント

☑ 本田は，多くの日本のIFRS任意適用企業と同様に，財政状態計算書に「流動性配列法」を採用しています。強制表示項目に関しては，内訳や増減表のための注記がほぼ必ずあります（例えば，棚卸資産は注記9）。注記の番号は表示順となっています。「その他の資本の構成要素」は，「その他の包括利益累計額」と同意語です。まず，財政状態計算書の数値が各注記の数値と一致していることを確かめてください。本書で各注記が示されているページは35ページの図表3-1を参照してください。

☑ **太字**の科目が強制表示科目で，本田では強制表示科目である「農業資産」，「販売用不動産」，および「売却目的保有資産・負債」は該当がありません。また，本田の場合には，強制表示科目である「金融資産」は「金融サービスに係る債権」と「その他の金融資産」に細分され，「金融負債」は「資金調達に係る債務」と「その他の金融負債」に細分されています。日本基準の貸借対照表のひな形では，独立表示や一括表示に関する数値規準が設定されていますが，IFRSではそのような数値規準はなく，企業の判断に委ねられています。

日本基準との違い

　IFRSの財政状態計算書は，日本基準の貸借対照表と同じです。IFRSでは強制表示科目が多くないことから，一般的に，表示される科目数が日本基準より少なくなっています。日本企業のほとんどが流動性配列法を採用しており，資産は「流動資産」，「固定資産」，「繰延資産」に区分されます。「固定資産」は，さらに「有形固定資産」，「無形固定資産」，「投資その他の資産」に区分されます。IFRSには「繰延資産」の概念はなく，「流動資産」と「非流動資産」の区分しかありません。1株当たり純資産の開示は，日本基準では要求されますがIFRSでは要求されません。ただし，株数が開示されているので，計算しようと思えば簡単に計算できます。

2 連結損益計算書及び連結包括利益計算書

■連結損益計算書

（単位：百万円）

	注記番号	前連結会計年度 （自 2018年4月1日 至 2019年3月31日）	当連結会計年度 （自 2019年4月1日 至 2020年3月31日）
売上収益	20	15,888,617	14,931,009
営業費用			
売上原価		△12,580,949	△11,851,659
販売費及び一般管理費		△1,774,393	△1,641,590
研究開発費	21	△806,905	△804,123
営業費用合計		△15,162,247	△14,297,372
営業利益		726,370	633,637
持分法による投資利益	10	228,827	164,203
金融収益及び**金融費用**			
受取利息	22	48,618	49,412
支払利息	22	△13,217	△24,689
その他（純額）	22	△11,223	△32,645
金融収益及び金融費用合計		24,178	△7,922
税引前利益		979,375	789,918
法人所得税費用	23	△303,089	△279,986
当期利益		676,286	509,932
当期利益の帰属：			
親会社の所有者		610,316	455,746
非支配持分		65,970	54,186
1株当たり当期利益 （親会社の所有者に帰属）			
基本的および希薄化後	24	345円99銭	260円13銭

■連結包括利益計算書

（単位：百万円）

	注記番号	前連結会計年度 （自 2018年4月1日 至 2019年3月31日）	当連結会計年度 （自 2019年4月1日 至 2020年3月31日）
当期利益		676,286	509,932
その他の包括利益（税引後）			
純損益に振り替えられることのない項目			
確定給付制度の再測定		△23,745	△102,983
その他の包括利益を通じて公正価値で測定する金融資産の公正価値の純変動		△24,046	△23,361
持分法適用会社のその他の包括利益に対する持分	10	△2,837	△1,550
純損益に振り替えられる可能性のある項目			
その他の包括利益を通じて公正価値で測定する金融資産の公正価値の純変動		228	279
在外営業活動体の為替換算差額		95,568	△293,201
持分法適用会社のその他の包括利益に対する持分	10	△18,847	△30,393
その他の包括利益（税引後）合計	19	26,321	△451,209
当期包括利益		702,607	58,723
当期包括利益の帰属：			
親会社の所有者		637,609	24,287
非支配持分		64,998	34,436

ポイント ⋯⋯⋯⋯⋯⋯⋯⋯⋯⋯⋯⋯⋯⋯⋯⋯⋯⋯⋯⋯⋯⋯⋯⋯⋯⋯⋯⋯⋯⋯⋯⋯⋯⋯⋯

☑ IFRSでは，上記に示したように，①連結損益計算書と連結包括利益計算書の2つの計算書と②1つの包括利益計算書の選択を認めていますが，本田は，連結損益計算書と連結包括利益計算書の2つの計算書を選択しており，損益計算書では

「費用機能法」を採用しています。**太字**の科目が強制表示科目ですが，本田には強制表示科目である「非継続事業からの損益」は該当がありません。また，その他の包括利益については，各構成要素（持分法適用会社のその他の包括利益を含みます）の表示が要求されます。

☑　営業利益は，太字で示した強制表示科目ではありませんが，多くの他の日本のIFRS任意適用企業のように，本田は営業利益を表示しています。IFRSと日本基準の最終利益は包括利益ですが，上記の本田の例を見ればわかるように，海外活動を行っている企業の「在外営業活動体の為替換算差額」は為替レートの変動によって大きくぶれ，「包括利益」の利益の指標としての問題点を示しています。利益の指標として，「包括利益」が「従来の当期純利益」に取って代わられていない一因がここにあります。

☑　「その他の包括利益」は，「純損益に振り替えられることのない項目（リサイクリング禁止項目）」と「純損益に振り替えられる可能性のある項目（リサイクリングが認められる項目）」に区分されています。詳細については，164ページを参照してください。

☑　当期利益と包括利益は，日本基準と同様に，「親会社に帰属する金額」と「非支配持分に帰属する金額」に分けられます。本田の場合には，「ヘッジ会計」を行っていませんが，「ヘッジ会計」を行っている場合には，キャッシュ・フロー・ヘッジの損益が「その他の包括利益」として計上されます（78ページ，165ページ，218ページ参照）。

日本基準との違い

　IFRSでは強制表示科目が多くないことから，一般的に，表示される科目数が日本基準より少なくなっています。IFRSでは，日本基準と異なり，「経常利益」，「特別損益」の表示はみられません。キャッシュ・フロー計算書と同様に，営業活動，投資活動，財務活動の区分を基礎にしており，営業活動については通常のものと特別のものを区分する意義がないと考えているからだと思われます。日本基準では，振替（リサイクリング）を認めており，「純損益に振り替えられることのない（リサイクリング禁止）項目」と「純損益に振り替えられる（リサイクリングされる）可能性のある項目」の区分の必要がありません。リサイクリングについては164ページを参照してください。

3　連結持分変動計算書

(著者注：前連結会計年度（自2018年4月1日　至2019年3月31日）は省略しました)
当連結会計年度（自2019年4月1日　至2020年3月31日）

（単位：百万円）

	注記番号	親会社の所有者に帰属する持分						非支配持分	資本合計
		資本金	資本剰余金	自己株式	利益剰余金	その他の資本の構成要素	合計		
2019年4月1日残高		86,067	171,460	△177,827	7,973,637	214,383	8,267,720	298,070	8,565,790
当期包括利益									
当期利益	19				455,746		455,746	54,186	509,932
その他の包括利益（税引後）	19					△431,459	△431,459	△19,750	△451,209
当期包括利益合計					455,746	△431,459	24,287	34,436	58,723
利益剰余金への振替	19				△102,437	102,437	－		－
所有者との取引等									
配当金の支払額	19				△196,795		△196,795	△55,693	△252,488
自己株式の取得				△96,284			△96,284		△96,284
自己株式の処分			171				171		171
株式報酬取引			363				363		363
資本取引及びその他の変動								△3,049	△3,049
所有者との取引等合計			363	△96,113	△196,795		△292,545	△58,742	△351,287
その他の変動					12,797		12,797		12,797
2020年3月31日残高		86,067	171,823	△273,940	8,142,948	△114,639	8,012,259	273,764	8,286,023

48

ポイント ··

☑ IFRSの持分変動計算書は日本基準の株主資本等変動計算書に相当し，表示項目もほぼ同じです。

☑ 表示科目の期末の数値は財政状態計算書の数値と一致します。

··

4 ┤ 連結キャッシュ・フロー計算書

(単位：百万円)

	注記番号	前連結会計年度 （自 2018年 4 月 1 日 至 2019年 3 月31日）	当連結会計年度 （自 2019年 4 月 1 日 至 2020年 3 月31日）
営業活動によるキャッシュ・フロー			
税引前利益		979,375	789,918
減価償却費，償却費及び減損損失（オペレーティング・リース資産除く）		721,695	699,877
持分法による投資利益		△228,827	△164,203
金融収益及び金融費用		△88,608	△47,892
金融サービスに係る利息収益及び利息費用		△124,076	△130,636
資産及び負債の増減			
営業債権		9,344	132,702
棚卸資産		△60,906	△59,931
営業債務		△11,816	△141,159
未払費用		25,372	△4,529
引当金及び退職給付に係る負債		△1,590	118
金融サービスに係る債権		△260,704	103,614
オペレーティング・リース資産		△230,311	△270,677
その他資産及び負債		11,045	△20,524
その他（純額）		3,706	10,959
配当金の受取額		175,244	185,742
利息の受取額		270,776	288,821
利息の支払額		△150,162	△162,263
法人所得税の支払及び還付額		△263,569	△230,522
営業活動によるキャッシュ・フロー		775,988	979,415

投資活動によるキャッシュ・フロー		
有形固定資産の取得による支出	△420,768	△370,195
無形資産の取得及び内部開発による支出	△187,039	△231,063
有形固定資産及び無形資産の売却による収入	20,765	17,638
子会社の取得による支出（取得した現金及び現金同等物控除後）	－	△3,047
持分法で会計処理されている投資の取得による支出	△2,401	△14,584
その他の金融資産の取得による支出	△506,431	△282,806
その他の金融資産の売却及び償還による収入	515,670	265,980
その他（純額）	2,649	△1,404
投資活動によるキャッシュ・フロー	△577,555	△619,481
財務活動によるキャッシュ・フロー		
短期資金調達による収入	8,435,249	9,037,608
短期資金調達に係る債務の返済による支出	△8,213,698	△9,039,601
長期資金調達による収入	1,900,257	2,021,173
長期資金調達に係る債務の返済による支出	△1,726,097	△1,676,504
親会社の所有者への配当金の支払額	△194,271	△196,795
非支配持分への配当金の支払額	△66,872	△54,280
自己株式の取得及び売却による収支	△64,556	△96,113
リース負債の返済による支出	△47,088	△78,659
その他（純額）	－	△4,240
財務活動によるキャッシュ・フロー	22,924	△87,411

為替変動による現金及び現金同等物への影響額		16,276	△94,291
現金及び現金同等物の純増減額		237,633	178,232
現金及び現金同等物の期首残高		2,256,488	2,494,121
現金及び現金同等物の期末残高	5	2,494,121	2,672,353

ポイント

☑ IFRSのキャッシュ・フロー計算書と日本基準のキャッシュ・フロー計算書の内容はほぼ同じです。

☑ IFRSでは，関連する注記として「財務活動から生じた負債の調整表」が注記15で開示されます（90ページ参照）。

☑ 日本基準では，一般的に，「現金及び現金同等物の調整」の開示が行われます（195ページ参照）。

　前述のとおり，以下では注記の説明をしますが，**5**で解説する注記3（重要な会計方針）までは順番に説明します。注記3(1)～(16)について，関連する注記4以降の注記がある場合には，会計方針の注記の次に示しています。会計方針に関連のない注記については，注記3（重要な会計方針）の説明の後に順番に説明しています。

3 「注記1　報告企業」を読む

本田技研工業株式会社（以下「当社」という。）は日本に所在する企業です。当社および連結子会社は，二輪車，四輪車，パワープロダクツなどの開発，製造，販売を世界各国で行っています。また，これらの事業における販売活動をサポートするために，顧客および販売店に対して金融サービス事業を営んでいます。主な生産拠点は，日本，米国，カナダ，メキシコ，英国，トルコ，イタリア，フランス，中国，インド，インドネシア，マレーシア，タイ，ベトナム，アルゼンチン，ブラジルにあります。

《著者注：企業の事業の内容と主な活動（IAS1.138(b)）》

ポイント

☑　会社の行っている事業の説明であり，まずは会社がどこで何を行っているかについて理解することが重要です。

4 「注記2　作成の基礎」を読む

(1)　連結財務諸表がIFRSに準拠している旨の記載

> 当社は，連結財務諸表規則第1条の2に掲げる「指定国際会計基準特定会社」の要件をすべて満たしているため，同第93条の規定により，連結財務諸表をIFRSに準拠して作成しています。

ポイント

☑　連結財務諸表規則第93条は，日本は指定国際会計基準制度（金融庁長官がIFRSの各基準書について日本での使用が適当かどうかの判断をして，その基準書を指定する制度（使用のお墨付きを与える制度））を採用しており，「指定国際会計基準に従うことが<u>できる</u>（任意適用）」ことを規定しています。ちなみに，現在に至るまで指定されなかったIFRSの基準書はありません。

(2)　測定の基礎

> 当社の連結財務諸表は，連結財務諸表注記の「3　重要な会計方針」に別途記載している一部の資産および負債を除き，取得原価を基礎として作成しています。
> 《著者注：財務諸表の作成に使用した測定規準（IAS1.117）》

ポイント

☑　原則として，取得原価を基礎に資産・負債が計上されていることを示しています。逆にいえば，公正価値や公正価値に似ている価額で計上されている資産・負債があることを示しています（60ページ参照）。

⑶ 機能通貨および表示通貨

> 当社の連結財務諸表は，当社の機能通貨である日本円を表示通貨としており，特に注釈のない限り，百万円未満を四捨五入して表示しています。

ポイント

☑ IFRSや米国基準では，数値は四捨五入で示され，日本で認められている「切り捨て」はあり得ません。
☑ 日本企業の場合には，通常，機能通貨（73ページを参照）は「円」です。

⑷ 会計方針の変更

著者注：基準書の新規適用とその方法についての説明

IFRS第16号「リース」

当社および連結子会社は，2019年4月1日より，IFRS第16号「リース」を適用しています。同基準の適用にあたっては，適用による累積的影響額を資本の期首残高の修正として適用日において認識する方法（修正遡及法）を採用しています。したがって，比較情報は修正再表示せず，引き続き従来の会計方針に基づいて開示しています。

（著者注：一部省略）

IFRS第16号の適用にあたって，当社および連結子会社は契約がリースまたはリースを含んだものであるかどうかを見直すことを要求されない実務上の便法を採用しています。このため，2019年4月1日より前に締結し，IAS第17号およびIFRIC第4号に基づきリースとして識別されたすべての契約にIFRS第16号が適用されることになります。

著者注：基準書の会計処理についての説明

IFRS第16号では，借手のリースをオンバランス処理する単一の会計モデルが導入されています。借手は原資産を使用する権利を表象する使用権資産と，リース料を支払う義務を表象するリース負債を認識すること

になります。また，リースに関する費用として，定額の支払リース料では
なく，使用権資産の減価償却費とリース負債に係る支払利息を認識するこ
とになります。IFRS第16号の適用にあたって，過去にIAS第17号に従い
オペレーティング・リースに分類したリース取引について，2019年4月1
日時点の当社および連結子会社の追加借入利子率で割引いた残存リース料
の現在価値でリース負債を測定しています。当該追加借入利子率の加重平
均は1.19％となっています。また，使用権資産はリース負債と同額で測定
し，適用開始日の直前に連結財政状態計算書に認識した当該リースに係る
前払リース料または未払リース料の金額の分を修正しています。また，当
社および連結子会社は，IFRS第16号の適用にあたって，以下の実務上の
便法を適用しました。

- 特性が合理的に類似したリースのポートフォリオに対する単一の割引
  率の適用
- 使用権資産の減損レビューの代替として，適用開始日の直前における
  IAS第37号「引当金，偶発負債及び偶発資産」に基づく不利な契約に
  係る引当金の金額で使用権資産を調整
- 適用開始日現在の使用権資産の測定から当初直接コストを除外

著者注：財務諸表での関連科目と適用の影響についての説明

　当社および連結子会社は，連結財政状態計算書において，リース負債を
その他の金融負債に，使用権資産を有形固定資産に含めて表示しています。
　同基準の適用により2019年4月1日時点の連結財政状態計算書にリース
負債が272,232百万円，使用権資産等が概ね同額追加認識されています。
　適用開始日の直前の連結財務諸表にて開示した2019年3月31日時点の解
約不能なオペレーティング・リースに係る将来最低支払リース料と2019年
4月1日に認識したリース負債の差額の内容は以下のとおりです。

56

	（単位：百万円）
2019年3月31日時点の解約不能なオペレーティング・リースに係る将来最低支払リース料	115,634
2019年4月1日の加重平均追加借入利子率で割引いた残高	108,147
追加：ファイナンス・リースに分類されていたリース	62,308
追加：解約可能なオペレーティング・リース	11,612
追加：行使が合理的に確実な延長オプション	152,473
2019年4月1日に認識したリース負債	334,540

《著者注：新基準書の採用（会計方針の変更（IAS8.28)）》

ポイント ···

☑ 　本田は2019年4月1日より，IFRS第16号「リース」（新リース基準）を適用しています。新リース基準では，「借手」は，旧基準書の「オペレーティング・リース」についても「ファイナンス・リース」と同様に，資産（使用権資産）と負債（リース負債）が計上され，「ファイナンス・リース」と同じ会計処理がなされます。

☑ 　旧リース基準では，「ファイナンス・リース」について，借入れによる資産購入が経済実態だとして，資産と負債の計上を要求しましたが，新リース基準では同様の考えを「オペレーティング・リース」に拡大しています。したがって，「借手」については，「オペレーティング・リース」と「ファイナンス・リース」の区分はなくなりました。一方，「貸手」については区分は残っており，旧リース基準からの重要な変更はありません。

☑ 　「借手」は，「使用権資産」と「リース負債」を同額で計上することになります。新リース基準の採用により，2019年4月1日にリース負債が272,232百万円追加されたことが，上記の注記に示されていますが，注記15　資金調達に係る債務の「財務活動から生じた負債の調整表」の（注）1（91ページ参照）に同額が示されています。

☑ 　注記12　有形固定資産（本田は，使用権資産を，原資産の区分に基づいて，有形固定資産として計上しています）の増減表に会計方針の変更の影響額（114ページ参照）として示されている258,354百万円が使用権資産の期首の計上額です。

☑ 　この基準書は，遡及適用ではなく，適用年度の期首から採用します（適用年度期首の利益剰余金に累積的影響額が示されます）。本田の場合には，期首の利益剰余金が修正されていないので，新リース基準の損益に関する影響はなかったようです（47ページ参照）。新しい基準書に関しては移行措置が重要で，原則は遡及適用ですが，新リース基準のように，基準書によっては他の方法も認められることがあります。遡及適用の場合には，財政状態計算書が1年分追加されます（6ペー

ジ参照）。
- ☑　注記で会計方針の変更の影響額について開示されるはずです。新リース基準のように，遡及適用しない場合には，適用年度の期首利益剰余金への修正として，累積的影響額が示されます。
- ☑　IFRS初度適用の場合には，同様に1年分の財政状態計算書が追加され，注記で日本基準とIFRSの調整表の開示が義務付けられています。

....

日本基準との違い ....

　日本のリース会計は，設定当時の米国基準を基礎にしており，現在はIFRSへのコンバージェンスが進行中です。したがって，「借手」は，オペレーティング・リースを費用計上しており，関連する資産・負債を計上していません。なお，IFRSの新基準と同様になると，資産・負債が追加で計上され，財務数値に悪い影響を与え，従来のオペレーティング・リースの損益への影響が変わる（定額費用認識から早い期間に多くの費用が計上されるようになる）ことから，関係者からの反発が予想されます。

　日本基準では，IFRSで計上される旧オペレーティング・リースに関する「使用権資産」と「リース債務」は計上されません。本田は，2019年4月1日現在では272,232百万円の「使用権資産」と「リース債務」を計上していますが，それらは日本基準では計上されません。それが，財政状態計算書（貸借対照表）でも基準の違いの影響となります。

　また，日本基準のオペレーティング・リースに関する費用は定額ですが，IFRSでは旧基準のオペレーティング・リースについて，日本基準のファイナンス・リースと同様に早い期間に費用が多く計上されるので，損益に違いが生じることになります。

....

(5)　未適用の新たな基準書および解釈指針

> 　連結財務諸表の承認日までに公表されている基準書および解釈指針のうち，適用が強制されないため当連結会計年度末において適用していないもので，当社の連結財務諸表に重要な影響を与えるものはありません。
> 《著者注：強制適用になっていない新基準書（IAS8.30)》

58

ポイント ··

☑ 重要な未適用の新たな基準書がある場合は，その影響を開示しなければなりません（米国基準も日本基準も）。ただし，影響額については，検討中という開示が多く見受けられます。ちなみに，本田は，2018年度（2019年3月期）の有価証券報告書では，新たな基準書（IFRS第16号（新リース会計基準）について以下の開示を行っています。

---

(5) 未適用の新たな基準書および解釈指針

　連結財務諸表の承認日までに公表されている主な基準書および解釈指針のうち，適用が強制されないため当連結会計年度末において適用していない基準書および解釈指針は，以下のとおりです。

IFRS第16号「リース」

　2016年1月に，IASBはリースに関する新たな会計基準IFRS第16号「リース」を公表しました。同基準は，IAS第17号「リース」，IFRIC第4号「契約にリースが含まれているか否かの判断」，SIC第15号「オペレーティング・リース—インセンティブ」およびSIC第27号「リースの法形式を伴う取引の実質の評価」等のリースに関する現行のガイダンスを差し替えるものです。

　同基準は，2019年1月1日以降開始する連結会計年度から適用され，当社および連結子会社は，同基準を2019年4月1日より適用します。同基準は，開示される全ての期間に遡及的に適用する方法（完全遡及法），または同基準の適用による累積的影響額を適用日において認識する方法（修正遡及法）のいずれかにより適用されます。当社および連結子会社は，修正遡及法を用いて適用します。

　当社および連結子会社は，移行時におけるリースの定義の適用免除に関する実務上の便法を適用します。この場合，2019年4月1日より前に締結し，IAS第17号およびIFRIC第4号に基づきリースとして識別されたすべての契約にIFRS第16号が適用されることになります。

　同基準では，リースの定義に変更が加えられ，借手のリースをオンバランス処理する単一の会計モデルが導入されています。借手は原資産を使用する権利を表象する使用権資産と，リース料を支払う義務を表象するリース負債を認識することになります。当社および連結子会社は，借手であるオペレーティング・リースについて，新たな資産および負債を認識します。また，リースに関連する費用として，定額の支払リース料ではなく，使用権資産の減価償却費とリース負債に係る支払利息を認識することになります。借手であるファイナンス・リースについては重要な影響が生じることは見込まれていません。なお，貸手の会計処理は，現行の基準からほぼ変更されていません。

　同基準の適用により2019年4月1日時点の連結財政状態計算書にリース負債が約2,680億円，使用権資産等が概ね同額追加認識されると見込まれています。

なお，利益剰余金に認識される累積的影響額に重要性はないと見込まれています。

　大変丁寧な説明がされており，新基準書の影響額（約2,680億円）も上記の「(4)　会計方針の変更」での実際の影響額（272,232百万円）と大きな違いはありません。

(6)　見積りおよび判断の利用

　著者注：見積りおよび判断の利用とその限界についての説明

　当社および連結子会社は，IFRSに準拠した連結財務諸表を作成するにあたり，会計方針の適用，資産・負債および収益・費用の報告額ならびに偶発資産・偶発債務の開示に影響を及ぼす判断，見積りおよび仮定の設定を行っています。実際の結果は，これらの見積りとは異なる場合があります。

　なお，これらの見積りや仮定は継続して見直しています。会計上の見積りの変更による影響は，見積りを変更した報告期間およびその影響を受ける将来の報告期間において認識されます。

　著者注：新型コロナウイルス感染症の拡大下での見積りおよび判断の利用についての説明

　新型コロナウイルス感染症の拡大により，多くの国々で外出や移動が制限されるなど，消費や企業の経済活動が停滞する状況が続いています。現時点において，新型コロナウイルス感染症の拡大規模や収束時期などの合理的な予測は困難ですが，当社および連結子会社は入手しうる情報を踏まえ，新型コロナウイルス感染症の拡大が収束し，企業の経済活動が再開され，市場が徐々に回復していくとの仮定を利用した見積りに基づき会計処理しています。また，経済情勢の悪化に伴う，将来の失業率上昇や中古車価格下落などの見通しの変化により，顧客の信用リスクなどに影響が発生しています。当社および連結子会社は，これらを含む将来予測の変動に関して，入手しうる情報に基づき，金融サービスに係る債権およびオペレーティング・リースの信用リスクの見積りに反映しています。新型コロナウ

60

イルス感染症の収束時期や各国・地域の対応を踏まえた市場の動向，経済情勢の不透明さが継続する場合には，見積りの不確実性は増大し，事後的な結果との間に重要な乖離が生じる可能性があります。

著者注：見積りおよび判断を利用した会計方針についての説明

当社の連結財務諸表に重要な影響を与える会計方針の適用に際して行った判断に関する情報は，以下のとおりです。

- 連結子会社，関連会社および共同支配企業の範囲（注記3(1)，3(2)）
- 開発から生じた無形資産の認識（注記3(8)）
- リースを含む契約の会計処理（注記3(9)）

著者注：重要な見積りおよび判断を利用した項目についての説明

当社の連結財務諸表に重要な影響を与える可能性のある会計上の見積りおよび仮定に関する情報は，以下のとおりです。

- 償却原価で測定する金融資産およびその他の包括利益を通じて公正価値で測定する金融資産に分類した負債性証券の評価（注記6，7，8）
- 金融商品の公正価値（注記26）
- 棚卸資産の正味実現可能価額（注記9）
- 非金融資産の回収可能価額（注記11，12，13）
- 引当金の測定（注記17）
- 確定給付負債（資産）の測定（注記18）
- 変動対価の金額の見積り（注記20）
- 繰延税金資産の回収可能性（注記23）
- 偶発債務により経済的便益を有する資源の流出が生じる可能性および規模（注記28）

《著者注：重要な見積りと判断（IAS1.122&125）》

ポイント ……………………………………………………………………………

☑ 近年の会計では，公正価値（取引の知識のある自発的な当事者間の，市場での資産の売却により受領する，または負債の移転により支払う価格）や公正価値に似ている金額（正味実現可能価額〈予想販売価額から販売に関する費用を控除し

た金額），回収可能価額〈「使用価値（資産または現金生成単位から生じると期待される予想将来キャッシュ・フローの現在価値）」と「処分費用控除後の公正価値」のうち高いほう〉など）を使用するケースが多く，また，回収可能性の程度の判断（繰延税金資産は実現の可能性が50％を超える場合に認識することなど）など，経営者に見積りおよび判断を要求しています。

☑　経営者が行った見積りおよび判断は，実際の結果が異なることがあることを認識することは重要で，上記にもその旨が示されています。上記では，会計方針に関するものとそれ以外のものを区別していますが，会計方針として示した３つの項目については，判断が要求されるものです。

☑　見積りや判断の使用は，「正確性」と「迅速性」のせめぎあいといえます。会計的に認識すべき時点が到来すれば，「正確性」をある程度犠牲にしても，測定金額を算定するのが現代の会計です。したがって，経営者が「最善の見積り」をすることが，IFRSでも要求されています。本田は，他のIFRS任意適用企業と比較してもより多くの開示をしており，重要な見積りと判断の範囲を知ることができます。

⋯⋯⋯⋯⋯⋯⋯⋯⋯⋯⋯⋯⋯⋯⋯⋯⋯⋯⋯⋯⋯⋯⋯⋯⋯⋯⋯⋯⋯⋯⋯⋯⋯⋯⋯⋯⋯⋯

日本基準との違い ⋯⋯⋯⋯⋯⋯⋯⋯⋯⋯⋯⋯⋯⋯⋯⋯⋯⋯⋯⋯⋯⋯⋯⋯⋯⋯⋯⋯⋯⋯

　2020年３月に公表された企業会計基準第31号「会計上の見積りの開示に関する会計基準」が，2021年３月期から適用され，IFRSと同じような開示が注記でされることになると思われます。

⋯⋯⋯⋯⋯⋯⋯⋯⋯⋯⋯⋯⋯⋯⋯⋯⋯⋯⋯⋯⋯⋯⋯⋯⋯⋯⋯⋯⋯⋯⋯⋯⋯⋯⋯⋯⋯⋯

5 「注記3　重要な会計方針」と関連する注記を読む

1 | 連結の基礎——「支配」の概念を押さえる

(1) 連結の基礎

> 著者注：連結の範囲と連結グループ内の取引の消去についての説明
>
> 　当社の連結財務諸表は，当社および当社が直接または間接に支配する連結子会社，ならびに当社および連結子会社が支配するストラクチャード・エンティティの勘定を全て含んでいます。全ての重要な連結会社間の債権・債務残高および取引高は，当社の連結財務諸表作成にあたり消去しています。

> 著者注：支配のIFRSでの定義についての説明
>
> 　支配とは，投資先への関与により生じる変動リターンに対するエクスポージャーまたは権利を有し，かつ，その投資先に対するパワー（関連性のある活動を指図する能力）を通じてそれらのリターンに影響を及ぼす能力を有している場合をいいます。当社および連結子会社は，支配の有無を，議決権または類似の権利の状況や投資先に関する契約内容などに基づき，総合的に判断しています。

> 著者注：ストラクチャード・エンティティのIFRSでの定義と判定についての説明
>
> 　ストラクチャード・エンティティとは，議決権または類似の権利が支配の有無の判定において決定的な要因とならないように設計された事業体をいいます。当社および連結子会社は，ストラクチャード・エンティティに対する支配の有無を，議決権または類似の権利の保有割合に加え，投資先

に対する契約上の取決めなどを勘案して総合的に判定し，支配を有するストラクチャード・エンティティを連結しています。

　著者注：連結子会社が連結に含まれる期間と会計方針の調整についての説明

　連結子会社の財務諸表は，支配を獲得した日から支配を喪失した日までの間，当社の連結財務諸表に含めています。連結子会社が適用する会計方針が当社の適用する会計方針と異なる場合には，必要に応じて当該連結子会社の財務諸表を調整しています。

　著者注：連結子会社の所有持分の変動の会計についての説明

　支配の喪失に至らない連結子会社に対する当社の所有持分の変動は，資本取引として会計処理しています。また，連結子会社に対する支配を喪失した場合には，残存する持分を支配を喪失した時点の公正価値で測定したうえで，支配の喪失から生じた利得および損失を純損益として認識しています。

■注記29　ストラクチャード・エンティティ

　著者注：ストラクチャード・エンティティに関する支配の決定についての説明

　当社および連結子会社は，IFRS第10号「連結財務諸表」に基づき，ストラクチャード・エンティティに対する支配についての検討を行っています。当社および連結子会社は，ストラクチャード・エンティティに対する支配の有無を，議決権または類似の権利の保有割合に加え，投資先に対する契約上の取決めなどを勘案して総合的に判定し，支配を有するストラクチャード・エンティティを連結しています。

　著者注：資産の証券化にかかわるストラクチャード・エンティティの連結についての説明

　当社の金融子会社は，流動性の確保および資金調達の目的で，定期的に金融債権およびオペレーティング・リース資産の証券化を行っています。

証券化された資産は，資産担保証券を発行することを目的に設立したスト
ラクチャード・エンティティに譲渡されます。当社の金融子会社は，金融
債権およびオペレーティング・リース資産の受益権に対する支払いの延滞
や不履行を含むサービス業務の権利を保持することにより，当該ストラク
チャード・エンティティの経済実績にもっとも重要な影響を与える活動を
指揮する能力を有していると判断しています。また，当社の金融子会社は，
当該ストラクチャード・エンティティの劣後持分の一部を保有することに
より，当該ストラクチャード・エンティティの潜在的に重要な損失を負担
する義務および様々な便益を享受する権利を有していると判断しています。
したがって，当社は当該ストラクチャード・エンティティを実質的に支配
しているとみなし，当社が支配を有するストラクチャード・エンティティ
として連結しています。

　なお，当該資産担保証券の所有者は，業界の慣行において，当社の金融
子会社が当該ストラクチャード・エンティティに提供する表明事項および
保証事項を除き，当社の金融子会社の債権一般に対して遡及権を有しませ
ん。

著者注：重要な連結対象外のストラクチャード・エンティティの有無
　　　についての説明
　前連結会計年度末および当連結会計年度末において，重要な連結対象外
のストラクチャード・エンティティはありません。

ポイント

☑　「支配」という概念を基礎に連結の範囲が決定されるので，「支配」の定義の理
解は必須です。
☑　ストラクチャード・エンティティは議決権が連結の判断の基礎にならない事業
体で支配の有無（連結に含めるかどうか）には慎重な判断が要求されます。
☑　連結子会社の会計方針は親会社の会計方針と一致することが要求されており，
上記ではその旨を示しています。したがって，すべての連結グループ内の会社（親
会社，連結子会社，持分法適用会社（**2**参照））はIFRSを採用することが要求され，
また，「IFRSの規定の範囲内で親会社が決定した会計方針」がすべての連結グルー
プ内の会社により適用されます。

☑ 支配の喪失に至らない連結子会社に対する本田の所有持分の変動（連結の範囲に含まれ続ける場合）には資本取引（損益は発生しない）になり，支配を喪失した場合（連結の範囲から除外される場合）には，損益が発生します。

....

日本基準との違い..

IFRSでは支配を基礎に連結の範囲が決定されます。一方，日本基準ではIFRSとは異なる支配の概念はありますが，支配の概念の中に議決権比率が示されていることから，持株で連結の範囲を決定する持株基準といわれます。

日本基準では，子会社が米国基準またはIFRSを使用している場合には，限定的な数の修正のみをすることで，連結に含めることができます。IFRSではより厳しい会計方針の統一が求められることになります。

....

2	関連会社，共同支配企業への投資——持分法の適用を中止したら損益が発生

(2) 関連会社および共同支配企業に対する投資（持分法で会計処理されている投資）

著者注：関連会社，共同支配企業，共同支配のIFRSでの定義についての説明

　関連会社とは，当社および連結子会社が財務および営業の方針決定に対して重要な影響力を有しているものの，支配または共同支配を有していない企業をいいます。

　共同支配企業とは，当社および連結子会社を含む複数の当事者が共同支配の取決めに基づき，それぞれの当事者が投資先の純資産に対する権利を有している場合の当該投資先をいいます。共同支配は，契約上合意された支配の共有であり，関連性のある活動に関する意思決定に，支配を共有している当事者全員の一致した合意を必要とする場合にのみ存在します。

著者注：関連会社と共同支配企業に対する投資への持分法の適用と会計方針の調整についての説明

　関連会社および共同支配企業に対する投資は，投資先が関連会社または共同支配企業に該当すると判定された日から該当しないと判定された日まで，持分法で会計処理しています。持分法では，投資を当初認識時に取得原価で認識し，それ以降に投資先が認識した純損益およびその他の包括利益に対する当社および連結子会社の持分に応じて投資額を変動させています。持分法の適用に際し，持分法適用会社となる関連会社または共同支配企業が適用する会計方針が当社の適用する会計方針と異なる場合には，必要に応じて当該関連会社または共同支配企業の財務諸表を調整しています。

> 著者注：持分法の適用を中止した場合の会計処理についての説明
>
> 　関連会社または共同支配企業に該当しなくなり，持分法の適用を中止した場合には，残存する持分を公正価値で測定したうえで，持分法の適用を中止したことから生じた利得または損失を純損益として認識しています。

ポイント

☑　連結子会社と同様に，持分法適用会社についても会計方針の統一が行われます。持分法の適用を中止した場合には，損益が発生します。

☑　本田は，以下の注記10に開示されているように，一般にはあまりみられない重要性のある共同支配企業を有しています。

■注記10　持分法で会計処理されている投資

> 著者注：持分法投資の金額と未分配利益の持分額についての説明
>
> 　前連結会計年度末および当連結会計年度末における関連会社および共同支配企業に対する当社および連結子会社の持分相当額は，以下のとおりです。

（単位：百万円）

	前連結会計年度末 （2019年3月31日）	当連結会計年度末 （2020年3月31日）
持分法で会計処理されている投資		
関連会社	382,706	378,012
共同支配企業	330,333	277,463
合計	713,039	655,475
未分配利益に対する持分相当額		
関連会社	294,532	293,489
共同支配企業	249,284	222,061
合計	543,816	515,550

《著者注：関連会社と共同支配企業に対する持分額（IFRS12.B16）》

68

著者注：当期包括利益に対する持分についての説明

　前連結会計年度および当連結会計年度における関連会社および共同支配企業の当期包括利益に対する当社および連結子会社の持分は，以下のとおりです。

（単位：百万円）

	前連結会計年度 （自2018年4月1日 至2019年3月31日）	当連結会計年度 （自2019年4月1日 至2020年3月31日）
当期利益		
関連会社	43,137	△434
共同支配企業	185,690	164,637
合計	228,827	164,203
その他の包括利益		
関連会社	△13,150	△5,758
共同支配企業	△8,534	△26,185
合計	△21,684	△31,943
当期包括利益		
関連会社	29,987	△6,192
共同支配企業	177,156	138,452
合計	207,143	132,260

《著者注：関連会社と共同支配企業の利益の持分（当期利益，その他の包括利益，包括利益）（IFRS12.B16）》

著者注：重要な共同支配企業の要約財務情報についての説明

　持分法で会計処理されている投資，未分配利益に対する持分相当額，当期利益，その他の包括利益，当期包括利益の共同支配企業の項目には，当社にとって重要な共同支配企業の金額が含まれています。

（重要な共同支配企業）

　当社にとって重要な共同支配企業は，東風本田汽車有限公司です。当社および連結子会社と東風汽車集団有限公司がそれぞれ50％の持分を保有しており，中国武漢市で四輪製品の製造及び販売をしています。

　前連結会計年度および当連結会計年度における東風本田汽車有限公司に関する要約財務情報は，以下のとおりです。

（単位：百万円）

（著者注：一部省略）	前連結会計年度 （自2018年4月1日 至2019年3月31日）	当連結会計年度 （自2019年4月1日 至2020年3月31日）
資本合計のうち当社および連結子会社の持分（50％）	148,893	99,577
連結調整	△1,310	△1,204
共同支配企業への関与の帳簿価額	147,583	98,373
（著者注：一部省略）		
当期包括利益（50％）	84,217	54,614
連結調整	56	53
当期包括利益に対する当社および連結子会社の持分	84,273	54,667
当社および連結子会社が受け取った配当金	70,788	72,760

（著者注：一部省略）

《著者注：重要な共同支配企業の要約財務情報（IFRS12.B12⒝&13）》
《著者注：重要な共同支配企業からの配当受領額（IFRS12.B12⒜）》

著者注：関連会社の合算財務情報についての説明

　前連結会計年度および当連結会計年度における関連会社に関する合算財務情報は，以下のとおりです。

（著者注：前連結会計年度（自2018年4月1日　至2019年3月31日）は省略しました）

当連結会計年度（自2019年4月1日　至2020年3月31日）

（単位：百万円）

	二輪事業	四輪事業	ライフクリエーション事業及びその他の事業	計
流動資産	49,706	1,146,286	10,010	1,206,002

70

非流動資産	28,071	1,083,789	21,565	1,133,425
資産合計	77,777	2,230,075	31,575	2,339,427
流動負債	21,337	587,533	2,681	611,551
非流動負債	3,844	224,505	1,136	229,485
負債合計	25,181	812,038	3,817	841,036
資本合計	52,596	1,418,037	27,758	1,498,391
売上収益	160,557	2,505,819	7,342	2,673,718
当期利益	8,094	69,339	914	78,347

（著者注：一部省略）

《著者注：重要性のない持分法適用会社の要約財務情報（IFRS12.21(c)）》

著者注：共同支配企業の合算財務情報についての説明

　前連結会計年度および当連結会計年度における共同支配企業に関する合算財務情報は，以下のとおりです。

（著者注：前連結会計年度（自2018年4月1日　至2019年3月31日）は省略しました）

当連結会計年度（自2019年4月1日　至2020年3月31日）

（単位：百万円）

	二輪事業	四輪事業	ライフクリエーション事業及びその他の事業	計
流動資産	201,170	867,758	3,592	1,072,520
非流動資産	114,106	373,274	661	488,041
資産合計	315,276	1,241,032	4,253	1,560,561
流動負債	181,772	766,635	1,190	949,597
非流動負債	11,483	49,058	648	61,189
負債合計	193,255	815,693	1,838	1,010,786
資本合計	122,021	425,339	2,415	549,775
売上収益	791,250	3,483,024	6,413	4,280,687
当期利益	63,819	264,216	568	328,603

　上記には，当社にとって重要な共同支配企業の金額が含まれています。

《著者注：重要性のない持分法適用会社の要約財務情報（IFRS12.21(c)）》

（著者注：　　　　　は著者が追加）

ポイント ・・

☑ 持分法適用会社については，財政状態計算書では持分法を適用した金額が，包括利益計算書では持分法損益が，各々１行で示されます。１行連結といわれるゆえんです。そのため，財務諸表本体での持分法適用会社に関する情報が限定されるため，それを補うために要約財務情報等の開示が要求されます。

☑ 2019年３月31日現在のその他の包括利益の金額（△31,943）は，注記19　資本（161ページ）の数値（△1,550＋△30,393）と一致します。持分法適用会社（関連会社と共同支配企業）との債権・債務の期末残高については，注記30　関連当事者（205ページ）を参照してください。

☑ 個別の持分法適用会社の要約財務情報が開示されることはあまりありません。開示される場合には，その持分法適用会社には重要性があるということなので，会社に与える影響を考えてみる必要があるでしょう（例えば，当該会社が連結除外となった場合の影響や持分法損益の当期利益に与える影響）。

☑ 2020年３月31日現在の東風本田汽車有限公司への投資金額の98,373百万円は，共同支配企業への投資額である277,463百万円の35％です。

・・

3 外貨換算──「機能通貨」の概念が重要

(3) 外貨換算

① 外貨建取引

著者注：各連結グループ会社の外貨建取引の会計処理についての説明

外貨建取引は，取引が発生した時点の為替レートで当社および連結子会社の各機能通貨に換算しています。外貨建債権債務は，報告期間の期末日の為替レートで当社および連結子会社の各機能通貨に換算しています。この結果生じる損益および決済時の為替換算による損益は，純損益として認識し，連結損益計算書の金融収益及び金融費用のその他（純額）に含めています。

② 在外営業活動体

著者注：在外の連結グループ会社の財務諸表の換算と連結除外についての説明

在外の連結子会社，関連会社および共同支配企業（以下「在外営業活動体」という。）の財務諸表項目の換算については，資産および負債は報告期間の期末日の為替レートにより，また，収益および費用は機能通貨が超インフレ経済国の通貨である場合を除き，対応する期間の平均為替レートにより円貨に換算しています。この結果生じる換算差額はその他の包括利益に認識し，連結財政状態計算書のその他の資本の構成要素に含めています。在外営業活動体を処分し，支配，重要な影響力または共同支配企業の取決めを喪失した場合は，この在外営業活動体に関連する換算差額の累積額を純損益に振り替えています。

ポイント

☑　外貨換算においては，日本基準にはない**「機能通貨」**の概念が重要です。「機能通貨」とは，その企業が活動する主な経済環境の通貨です。「機能通貨」以外の通貨が「外貨」となり，「機能通貨」の決定が要求され，「外貨」から「機能通貨」への換算により損益が発生します。

☑　企業が財務諸表で使用する通貨は**「報告通貨」**となり，在外の連結グループ会社については，「機能通貨」から「報告通貨」への換算が要求されます。換算の結果，損益は発生せず，「その他の包括利益（換算差額）」が計上されます。

☑　在外の連結グループ会社が連結除外される場合には，関連する「その他の資本の構成要素（その他の包括利益累計額）」として計上されていた金額は，損益に振り替えられます（リサイクリング禁止の例外）。

☑　換算差額の増減は160ページを，換算差額の振替については161ページを参照してください。

日本基準との違い

　日本基準では「機能通貨」の概念がありません。しかし，一般的には，実務上で大きな問題となることはありません。

4	金融商品——日本基準にはない「FVTOCI（株式)」の概念を理解しよう

　IFRSでは金融商品という括り（例えば，売上債権，有価証券などという科目ではなく）で会計処理や注記を規定しており，金融商品の会計方針に関連する注記も多くなっています。以下にその関連を示しました。

会計方針の注記	金融商品の内容		個別の注記		金融商品全体に関する個別注記
注記3(4)	デリバティブ以外の金融資産				注記25 金融リスク管理
	償却原価で測定する金融資産	注記6 注記7 注記8	営業債権 金融サービスに係る債権 その他の金融資産		
	公正価値で測定する金融資産				
	FVTOCI（債券）	注記8	その他の金融資産		
	FVTOCI（株式）	注記8	その他の金融資産		
	FVTPL	注記8	その他の金融資産		
	現金及び現金同等物	注記5	現金及び現金同等物^(注1)		
	金融負債	注記14 注記15 注記16	営業債務 資金調達に係る債務 その他の金融負債		
	デリバティブ	－			
	金融資産と金融負債の相殺	注記27	金融資産および金融負債の相殺		
	－	注記22	金融収益及び金融費用		

（注1）　金融商品に関連する注記としてではなく，個別の注記としています（195ページ参照）。

金融資産に関しては，減損が重要となりますが，減損については以下の⑽減損（129ページ参照）で関連する会計方針が開示されており，以下の個別の注記が示されています。

注記	注記の内容
注記6 営業債権	営業債権の貸倒引当金の増減表
注記7 金融サービスに係る債権	金融サービスに係る債権のクレジット引当金の増減表
注記8 その他の金融資産	その他の金融資産の貸倒引当金の増減表

⑷ 金融商品

著者注：金融商品のIFRSでの定義と認識の時点についての説明

金融商品とは，一方の企業にとっての金融資産と，他の企業にとっての金融負債または資本性証券の双方を生じさせる契約をいいます。当社および連結子会社は，契約の当事者となった時点で，金融商品を金融資産または金融負債として認識しています。なお，金融資産の売買は，取引日において認識または認識の中止を行っています。

① デリバティブ以外の金融資産

著者注：金融資産の認識時の分類についての説明

当社および連結子会社は，当初認識時に，デリバティブ以外の金融資産を償却原価で測定する金融資産，その他の包括利益を通じて公正価値で測定する金融資産および純損益を通じて公正価値で測定する金融資産に分類しています。

著者注：金融資産の認識中止の時点についての説明

当社および連結子会社は，金融資産から生じるキャッシュ・フローに対する契約上の権利が消滅した時点，または，金融資産から生じるキャッシュ・フローを受け取る契約上の権利を譲渡し，リスクと経済的便益を実質的にすべて移転した時点で，金融資産の認識を中止しています。

著者注：金融資産を償却原価で測定するための条件と測定についての
　　　　説明

（償却原価で測定する金融資産）

　当社および連結子会社は，契約上のキャッシュ・フローを回収すること
を事業上の目的として保有する金融資産で，かつ金融資産の契約条件によ
り特定の日に元本および元本残高に対する利息の支払いのみによるキャッ
シュ・フローを生じさせる金融資産を，償却原価で測定する金融資産に分
類しています。償却原価で測定する金融資産は，顧客との契約から生じる
営業債権を除き当初認識時に公正価値で測定し，顧客との契約から生じる
営業債権は当初認識時に取引価額で測定しています。償却原価で測定する
金融資産は，当初認識後は実効金利法による償却原価により測定しています。

（公正価値で測定する金融資産）

　当社および連結子会社は，償却原価で測定する金融資産以外の金融資産
を，公正価値で測定する金融資産に分類しています。公正価値で測定する
金融資産は，さらに以下の区分に分類または指定しています。

　（その他の包括利益を通じて公正価値で測定する金融商品）

　著者注：FVTOCI（債券）金融資産についての説明

　負債性証券のうち，契約上のキャッシュ・フローを回収することと売却
の両方を事業上の目的として保有する金融資産で，かつ金融資産の契約条
件により特定の日に元本および元本残高に対する利息の支払いのみによる
キャッシュ・フローを生じさせる金融資産を，その他の包括利益を通じて
公正価値で測定する金融資産に分類しています。当該負債性証券は，当初
認識時に公正価値で測定し，当初認識後の公正価値の変動を，減損利得ま
たは減損損失および為替差損益を除き，その他の包括利益として認識して
います。当該負債性証券の認識の中止が行われる場合，過去にその他の包
括利益に認識した利得または損失の累計額を資本から純損益に振り替えて
います。

著者注：FVTOCI（株式）についての説明

　また，投資先との取引関係の維持または強化を主な目的として保有する株式などの資本性証券について，当初認識時に，その他の包括利益を通じて公正価値で測定する金融資産に指定しています。その他の包括利益を通じて公正価値で測定する金融資産に指定した資本性証券は，当初認識時に公正価値で測定し，当初認識後の公正価値の変動をその他の包括利益として認識しています。ただし，当該資本性証券から生じる配当金については，原則として，純損益として認識しています。当該資本性証券の認識の中止が行われる場合，過去にその他の包括利益に認識した利得または損失の累計額を直接利益剰余金に振り替えています。

（純損益を通じて公正価値で測定する金融資産）

　当社および連結子会社は，公正価値で測定する金融資産のうち，その他の包括利益を通じて公正価値で測定する金融資産に分類または指定しなかった金融資産を，純損益を通じて公正価値で測定する金融資産に分類しています。純損益を通じて公正価値で測定する金融資産は，当初認識時に公正価値で測定し，当初認識後の公正価値の変動を純損益として認識しています。

（現金及び現金同等物）

　現金及び現金同等物は，現金，随時引き出し可能な預金，および容易に換金可能であり，かつ価値の変動について僅少なリスクしか負わない流動性の高い短期投資により構成されています。当社および連結子会社は，取得日から3ヵ月以内に満期の到来する極めて流動性の高い債券および類似金融商品を現金同等物としています。

② デリバティブ以外の金融負債

　著者注：デリバティブ以外の金融負債の測定と認識の中止についての
　　　　　説明

　当社および連結子会社は，デリバティブ以外の金融負債を，当初認識時に公正価値で測定し，当初認識後は，実効金利法による償却原価により測

定しています。

　当社および連結子会社は，契約上の義務が免責，取消しまたは失効した時点で，金融負債の認識を中止しています。

③　デリバティブ

　著者注：デリバティブの構成と認識・測定についての説明

　当社および連結子会社は，為替リスクおよび金利リスクを管理する目的で，種々の外国為替契約および金利契約を締結しています。これらの契約には，為替予約，通貨オプション契約，通貨スワップ契約および金利スワップ契約が含まれています。

　当社および連結子会社は，これらのすべてのデリバティブについて，デリバティブの契約の当事者となった時点で資産または負債として当初認識し，公正価値により測定しています。当初認識後における公正価値の変動は，直ちに純損益として認識しています。

　なお，前連結会計年度および当連結会計年度において，当社および連結子会社がヘッジ手段として指定しているデリバティブはありません。

④　金融資産および金融負債の相殺

　当社および連結子会社は，金融資産および金融負債について，資産および負債として認識された金額を相殺するため法的に強制力のある権利を有し，かつ，純額で決済するか，もしくは資産の実現と債務の決済を同時に実行する意思を有している場合にのみ相殺し，連結財政状態計算書において純額で表示しています。

ポイント ……………………………………………………………………………………

☑　本田は，デリバティブについて「ヘッジ会計」を行っていません（上記の「ヘッジ手段として指定しているデリバティブはありません」）。「ヘッジ会計」の内容については214ページを参照してください。

……………………………………………………………………………………………………

会計処理のまとめ　**金融資産のその後の測定**

　IFRSでは，「金融商品」の用語が頻繁に使用されます。「金融商品」は，一方の企業にとっての金融資産と，他の企業にとっての金融負債または資本性証券の双方を生じさせる契約と定義されます。「金融商品」は，「金融資産」と「金融負債」から構成されます。科目でいうと，図表3－2が主な金融資産となります。IFRS第9号「金融商品」では，金融資産の当初の測定後の「その後の測定」について，図表3－2に示した取扱いをしています。

図表3－2｜主な金融資産のその後の測定

金融資産	その後の測定	
	原則	例外
現金および現金同等物	－	－
営業債権・貸付金	償却原価	
有価証券（負債性証券）（債券）	FVTOCI (注1)（債券）	FVTPL（FVTOCI（債券）と償却原価の条件を満たさない場合）
		償却原価（償却原価の条件を満たす場合）
有価証券（資本性証券）（上場株式）	FVTPL (注2)	FVTOCI (注1)（株式）
有価証券（資本性証券）（非上場株式）	FVTPL	FVTOCI（株式）
持分法投資	持分法	
デリバティブ	FVTPL	
公正価値オプション (注3) を選択した資産	FVTPL	

（注1）　FVTOCI（Fair Value Through Other Comprehensive Income）。その他の包括利益を通じて公正価値で測定する金融資産。
　　　　債券については，日本基準のその他有価証券と同様な会計処理となり，売却または減損についてリサイクリングされる。株式については原則はPVTPLであり，取消しのできない選択としてFVTOCIを選択できるが，リサイクリングは禁止となる。取扱いの違うPVTOCIを区分するため，本書ではFVTOCI（債券）とFVTOCI（株式）を使用している。
（注2）　FVTPL（Fair Value Through Profit or Loss）。純損益を通じて公正価値で測定する金融資産。
（注3）　IFRSで公正価値の測定を要求されない項目について，会社が公正価値での測定を選択できる。

負債性証券（債券）については，以下の双方を満たす場合は，FVTOCI（その他の包括利益累計額を通じて公正価値で測定）で<u>その後の測定をしなければなりません</u>（IFRS9.4.1.2A）。

- •「契約上のキャッシュ・フローの回収」と「金融資産の売却」の双方のために資産を保有する「ビジネスモデル」である（償却原価の条件は「契約上のキャッシュ・フローの回収」のみ）。
- • 資産の契約上の条件が，特定の日に元本と元本に対する利息の支払いのみのキャッシュ・フローを生じる（償却原価の条件と同じ）。

日本基準のその他有価証券とほぼ同じ会計処理となります。ここでは，FVTOCIは株式と債券の双方に認められますが，上記の条件を満たした場合には「FVTOCI（債券）」とし，後述する「FVTOCI（株式）」と区別しています。

両者は，公正価値で測定し，公正価値の変動額を「その他の包括利益」として計上することは同じですが，その他の会計的な取扱いは大きく違います。

資本性証券（株式）の当初認識の時点で，企業は，原則のFVTPLではなく，資本性証券の公正価値のその後の変動を，その他の包括利益累計額で示す（「FVTOCI（株式）」）選択をすることが<u>できます</u>（IFRS9.5.7.5）。ただし，この選択は取り消すことはできません。本田はこの選択をしています。この選択をした場合には，当該投資からの配当は損益で認識されます（IFRS9.5.7.6）。この選択は個別株式ごとに行うことができます。

その他の包括利益累計額で認識された金額は，損益に組替（リサイクリング）することはできません。しかし，その他の包括利益累計額を資本の部の他の勘定に組み替えることはできます（IFRS9.B5.7.1）。

日本では株式の持合が行われていますが，外国では銀行が株式を保有できない場合が多い等の理由で，企業は日本ほど株式を保有していません。そのため，株式をFVTPLにする（評価損益が当期利益に含まれ，利益の数値が大きくぶれる可能性がある）と日本の会社が一番大きな影響を受けます。この「FVTOCI（株式）」選択は，日本だけのためとはいえませんが，日本を意識した会計処理といえるでしょう。問題となるのは，組替先の勘定と組替時期ですが，勘定は一般的には利益剰余金です。この利益剰余金への組替については以下の選択があります。

選択	選択の内容
1	組替を行わない。
2	組替（全部または一部）を行う。 組替の時期の例 (a) 公正価値の変動のその他の包括利益計上直後 (b) 売却時 (c) 認識の中止（売却時と減損（IAS第39号や日本基準のリサイクリングと同様の方法））

　本田は，認識の中止により振り替えるとしているので，2(c)を選択しています（77ページ参照）。本田は，デリバティブを使用していますが，ヘッジ手段として指定していないので，「ヘッジ会計」は使用されていません（78ページ参照）。

　現在の会計は，資産については，できる限り「公正価値」または「公正価値」に似ている価値で示そうとしています。金融資産については，図表3－3に示したようにかなりの資産を「公正価値」で測定し，営業債権等については「信用損失引当金（貸倒引当金）」を設定することで，現在価値に近づけようとしています。持分法投資についても減損の規定があります。また，非金融資産（棚卸資産，有形固定資産，無形資産など）は，棚卸資産についてはいわゆる低価法を適用し，有形固定資産・無形資産については償却と減損により現在価値に近づけようとしています。ただし，負債サイドについては，公正価値の測定への批判が強く，公正価値の開示にとどまっています。

■注記8　その他の金融資産（著者注：FVTOCI（株式）の部分）

（著者注：一部省略）

　著者注：資本性証券の主な銘柄についての説明

　前連結会計年度末および当連結会計年度末におけるその他の包括利益を通じて公正価値で測定する金融資産に指定した資本性証券の主な銘柄は，以下のとおりです。

（著者注：前連結会計年度末（2019年3月31日）は省略しました）

82

当連結会計年度末（2020年3月31日）

（単位：百万円）

	公正価値
GMクルーズホールディングス・エル・エル・シー	85,649
スタンレー電気㈱	19,690
㈱三菱UFJフィナンシャル・グループ	5,844
東京海上ホールディングス㈱	5,409
ニッコンホールディングス㈱	5,184
大同特殊鋼㈱	4,542

《著者注：各投資の公正価値（IFRS7.11A(c)）》

著者注：FVTOCI（株式）の認識の中止時の公正価値と損益について
　　の説明

　当社および連結子会社は，保有資産の効率化および有効活用を図るため，その他の包括利益を通じて公正価値で測定する金融資産に指定した資本性証券の売却（認識の中止）を行っています。

　前連結会計年度および当連結会計年度における認識の中止時の公正価値および資本でその他の包括利益として認識されていた累計利得または損失は，以下のとおりです。

（単位：百万円）

	前連結会計年度 （自2018年4月1日 至2019年3月31日）	当連結会計年度 （自2019年4月1日 至2020年3月31日）
公正価値	61,038	33
累計利得または損失	39,382	△23

《著者注：認識を中止（売却）した資本性証券の公正価値と損益（IFRS7.11B）》

この注記は，86ページの注記8の一部です。

ポイント

☑　FVTOCI（株式）の銘柄の開示について，IFRSで「投資のそれぞれの公正価値」としか規定されていないので，開示の範囲が問題とされていました。多くの銘柄を有するIFRS任意適用企業がありますが，本田では上位のいくつかの銘柄を開示

しています。開示した銘柄の公正価値の金額は，資本性証券の2020年3月31日現在の残高である178,001百万円（86ページ）の約71％になります。

☑ 本田は，FVTOCI（株式）について，認識を中止したときに，その他の包括利益累計額から利益剰余金に振り替える方法を選択しています（77ページ参照）。公正価値（売却価額）と未実現損益（累計利得または損失）（FVTOCIの場合の売却益）が開示されます。

☑ 上記に示したように，日本基準であれば，2019年3月31日に多額の株式売却益が計上されたことになります。また，2020年3月31日現在のいわゆる株式の未実現の含み益（税効果後）は24,876百万円（160ページ参照）です。

日本基準との違い

FVTOCI（株式），公正価値オプションは，日本基準にはない概念です。日本基準ではFVTOCIについてリサイクリングを認めています。日本基準であれば，注記8から2019年3月31日終了年度には，株式売却益が39,382百万円計上され，2020年3月31日終了年度には株式売却損が23百万円計上されることになります。

■注記6　営業債権

営業債権は償却原価で測定する金融資産に分類しています。

前連結会計年度末および当連結会計年度末における営業債権の内訳は，以下のとおりです。

（単位：百万円）

	前連結会計年度末 （2019年3月31日）	当連結会計年度末 （2020年3月31日）
受取手形および売掛金	712,180	526,403
その他	93,620	118,808
貸倒引当金	△12,555	△11,302
合計	793,245	633,909

（著者注：以下省略）

《著者注：償却原価で測定する金融資産の帳簿価額（IFRS7.8(f)）》

■注記7　金融サービスに係る債権

著者注：金融サービスに係る債権の区分についての説明

　当社の金融子会社は，製品の販売をサポートするために，顧客および販売店に対して様々な金融サービスを提供しており，これらの金融サービスに係る債権を以下のように区分しています。

　顧客に対する金融債権

　　小売金融：主に，顧客との割賦契約に係る債権から構成されます。

　　ファイナンス・リース：主に，顧客との解約不能な車両のリース契約に係る債権から構成されます。

　販売店に対する金融債権

　　卸売金融：主に，販売店の在庫購入のための融資に係る債権および販売店への貸付金から構成されます。

　金融サービスに係る債権は主に償却原価で測定する金融資産に分類しています。

著者注：金融サービスに係る債権の内訳についての説明

　前連結会計年度末および当連結会計年度末における金融サービスに係る債権の内訳は，以下のとおりです。

（単位：百万円）

	前連結会計年度末（2019年3月31日）	当連結会計年度末（2020年3月31日）
顧客に対する金融債権		
小売金融	4,602,848	4,440,364
ファイナンス・リース	142,855	125,958
販売店に対する金融債権		
卸売金融	712,214	666,992
小計	5,457,917	5,233,314
クレジット損失引当金	△43,203	△63,468
リース残価損失引当金	△29	－
未稼得利益	△9,435	△8,681
合計	5,405,250	5,161,165

流動資産	1,951,633	1,878,358
非流動資産	3,453,617	3,282,807
合計	5,405,250	5,161,165

《著者注：償却原価で測定する金融資産の帳簿価額（IFRS7.8(f)）》

（ファイナンス・リースに係る債権）

（著者注：一部省略）

　当連結会計年度末におけるファイナンス・リースに基づくリース料債権の期日別の内訳は，以下のとおりです。

（単位：百万円）

	当連結会計年度末 （2020年3月31日）
1年以内	22,808
1年超2年以内	20,578
2年超3年以内	13,370
3年超4年以内	6,097
4年超5年以内	1,359
5年超	77
割引前のリース料債権	64,289
未稼得金融収益	△4,091
無保証残存価値	57,079
正味リース投資未回収額	117,277

　貸手のリース活動の性質およびリスク管理戦略については，「3　重要な会計方針(9)リースおよび(10)減損」を参照ください。

（著者注：以下省略）

《著者注：満期分析（IFRS16.94）》

ポイント

☑　「注記6　営業債権」と「注記7　金融サービスに係る債権」は，財政状態計算書で示された残高の内訳（貸倒引当金（またはクレジット損失引当金）を含む）を示しています。「注記6　営業債権」の貸倒引当金の増減表については140ページで，「注記7　金融サービスに係る債権」のクレジット損失引当金の増減表につ

いては141ページで示しています。

☑ ファイナンス・リース債権の将来のキャッシュ・フローの流入を把握できます。

☑ 2020年３月31日現在の注記７「金融サービスに係る債権の内訳」のファイナンス・リース125,958百万円と未稼得利益△8,681百万円の合計の117,277百万円は、「ファイナンス・リース債権の期日別の内訳」の正味リース投資未回収額（117,277百万円）に一致します。

....

■注記８　その他の金融資産

前連結会計年度末および当連結会計年度末におけるその他の金融資産の内訳は、以下のとおりです。

（単位：百万円）

	前連結会計年度末 （2019年３月31日）	当連結会計年度末 （2020年３月31日）
償却原価で測定する金融資産		
営業債権，金融サービスに係る債権以外の債権	118,256	144,554
負債性証券	54,964	62,204
敷金	13,098	12,266
引出制限付預金	66,555	64,152
その他	9,776	10,743
貸倒引当金	△4,233	△3,364
その他の包括利益を通じて公正価値で測定する金融資産		
負債性証券	10,495	9,069
資本性証券	207,035	178,001
純損益を通じて公正価値で測定する金融資産		
デリバティブ	46,397	95,804
負債性証券	58,080	58,348
合計	580,423	631,777
流動資産	163,274	190,053
非流動資産	417,149	441,724
合計	580,423	631,777

（著者注：以下省略）

《著者注：償却原価で測定する金融資産，FVTOCIの帳簿価額（IFRS7.8(f)》
《著者注：FVTPLの帳簿価額（IFRS7.8(h))》
《著者注：FVTOCI（株式）の公正価値（IFRS7.11A(c))》

　この注記に含まれているFVTOCI（株式）に関する部分は81ページに示しています。

ポイント

☑　注記8は，その他の金融資産の財政状態計算書で示された残高の内訳を示しています。その他の金融資産に関する貸倒引当金の増減表については144ページで示しています。
☑　「償却原価で測定する金融資産」，「FVTOCIの金融資産」，「FVTPLの金融資産」の区分での内訳を開示しています。
☑　負債性証券の測定は，「償却原価」，「FVTOCI（債券）」，「FVTPL」の3つに区分されます。

日本基準との違い

　このような区分での開示は日本基準ではみられません。FVTOCI（株式）は，日本基準にない概念ですので，理解することが必要です（80ページ参照）。

■注記14　営業債務

　営業債務は償却原価で測定する金融負債に分類しています。
　前連結会計年度末および当連結会計年度末における営業債務の内訳は，以下のとおりです。

（単位：百万円）

	前連結会計年度末 （2019年3月31日）	当連結会計年度末 （2020年3月31日）
支払手形および買掛金	1,056,065	844,183
その他	128,817	114,286
合計	1,184,882	958,469

《著者注：償却原価で測定する金融負債の帳簿価額（IFRS7.8(g)）》

■注記15　資金調達に係る債務

資金調達に係る債務は償却原価で測定する金融負債に分類しています。

著者注：資金調達に係る債務（流動）の内訳についての説明

前連結会計年度末および当連結会計年度末における流動負債に区分される資金調達に係る債務の内訳は，以下のとおりです。

（単位：百万円）

	前連結会計年度末 （2019年3月31日）	当連結会計年度末 （2020年3月31日）
流動		
コマーシャル・ペーパー	943,905	976,606
銀行等借入金	366,620	355,667
ミディアムタームノート	122,080	32,647
資産担保証券	41,019	59,747
小計	1,473,624	1,424,667
非流動負債からの振替 　（1年以内期限到来分）	1,715,158	1,823,790
合計	3,188,782	3,248,457

《著者注：償却原価で測定する金融負債の帳簿価額（IFRS7.8(g)）》

著者注：加重平均利率についての説明

前連結会計年度末および当連結会計年度末における流動負債に区分される資金調達に係る債務（非流動負債からの振替を除く）の加重平均利率は，以下のとおりです。

	前連結会計年度末 （2019年3月31日）	当連結会計年度末 （2020年3月31日）
加重平均利率	1.85%	1.21%

著者注：資金調達に係る債務（非流動）の内訳についての説明

　前連結会計年度末および当連結会計年度末における非流動負債に区分される資金調達に係る債務の内訳は，以下のとおりです。

（単位：百万円）

	前連結会計年度末 （2019年3月31日）	当連結会計年度末 （2020年3月31日）
非流動		
銀行等借入金	1,235,791	1,204,588
ミディアムタームノート	3,151,868	3,169,407
社債	444,517	599,426
資産担保証券	1,025,320	1,071,598
小計	5,857,496	6,045,019
流動負債への振替 　（1年以内期限到来分）	△1,715,158	△1,823,790
合計	4,142,338	4,221,229

《著者注：償却原価で測定する金融負債の帳簿価額（IFRS7.8(g)）》

著者注：利率と返済期限についての説明

　前連結会計年度末および当連結会計年度末における非流動負債に区分される資金調達に係る債務（流動負債への振替を含む）の利率および返済期限の要約は，以下のとおりです。

	前連結会計年度末 （2019年3月31日）	当連結会計年度末 （2020年3月31日）
銀行等借入金	利率：0.10％～10.50％	利率：0.07％～11.00％
	返済期限：2019年～2046年	返済期限：2020年～2046年
ミディアムタームノート	利率：0.35％～3.88％	利率：0.35％～3.88％
	返済期限：2019年～2028年	返済期限：2020年～2028年
社債	利率：0.01％～0.59％	利率：0.01％～1.17％
	返済期限：2019年～2023年	返済期限：2020年～2027年
資産担保証券	利率：0.11％～3.30％	利率：0.11％～3.30％
	返済期限：2019年～2024年	返済期限：2020年～2024年

（担保差入資産）

著者注：資金調達に係る債務に対する担保差入資産についての説明

前連結会計年度末および当連結会計年度末における資金調達に係る債務に対する担保差入資産は，以下のとおりです。

（単位：百万円）

	前連結会計年度末 （2019年3月31日）	当連結会計年度末 （2020年3月31日）
営業債権	26,286	22,093
金融サービスに係る債権	1,134,489	1,140,583
棚卸資産	26,677	17,956
オペレーティング・リース資産	－	81,501
有形固定資産	55,139	1,478
合計	1,242,591	1,263,611

金融サービスに係る債権およびオペレーティング・リース資産は資産担保証券の担保として供されています。その他の項目は主に銀行等借入金の担保として供されています。

日本における慣行として，銀行借入金については一般的な契約に基づき行われており，現在および将来に発生する債務について，銀行の請求に基づき担保の設定または保証の差入れの義務があります。また，当社および連結子会社が支払遅延あるいは債務不履行に陥った場合，銀行は，全ての債務について，銀行預金と相殺する権利を有しています。

《著者注：差入れ担保の金融資産の帳簿価額と関連する契約（IFRS7.14）》

（財務活動から生じた負債の調整表）

前連結会計年度および当連結会計年度における財務活動から生じた負債の内訳および増減は，以下のとおりです。

（著者注：前連結会計年度（自2018年4月1日　至2019年3月31日）は省略しました）

当連結会計年度（自2019年4月1日　至2020年3月31日）

（単位：百万円）

	2019年4月1日残高	財務活動によるキャッシュ・フロー	営業活動によるキャッシュ・フロー	非資金変動				2020年3月31日残高
				取得	為替変動	公正価値変動	その他	
短期資金調達に係る債務	1,473,624	△1,993	－	－	△42,424	－	△4,540	1,424,667
長期資金調達に係る債務	5,857,496	362,131	－	－	△170,345	－	△4,263	6,045,019
リース負債（注1）	334,540	△78,659	－	78,923	△3,987	－	△777	330,040
デリバティブ金融負債（△資産）（注2）	24,577	△17,462	△10,001	－	△434	14,935	－	11,615
財務活動から生じた負債計	7,690,237	264,017	△10,001	78,923	△217,190	14,935	△9,580	7,811,341

（注）　1　当社および連結子会社は，当連結会計年度よりIFRS第16号を適用し，2019年4月1日にリース負債272,232百万円を追加で認識しています。当該追加認識額の詳細は，連結財務諸表注記の「2　作成の基礎(4)　会計方針の変更」を参照ください。

　　　　2　デリバティブ金融負債（△資産）は，当社の金融子会社が長期資金調達に係る債務の元本および利息の支払いの為替変動リスクをヘッジするために保有しており，元本および利息の支払いに対応するキャッシュ・フローは，それぞれ財務活動によるキャッシュ・フローおよび営業活動によるキャッシュ・フローに含めています。

《著者注：財務活動から生じた負債の変動（IAS7.44A)》

ポイント……………………………………………………………………………

☑　「注記14　営業債務」と「注記15　資本調達に係る債務」は，財政状態計算書で示された残高の内訳を示しています。

☑　本田は「資金調達に係る債務」という用語を使用しています。通常は「借入金」が使用されることが多いのですが，本田は借入金以外に資金源泉（コマーシャルペーパーなど）を有しているので，この表現にしています。

☑　IFRSでは利率と支払期限の開示の要求はありませんが，本田は米国基準での要求による開示を継続しています。利率については，通常の利率より低いのか高い

のかが，IFRS任意適用企業についての銀行の評価を示しています。

☑　例えば「財務活動から生じた負債の変動の調整表」の短期資金調達の金額（△1,993百万円）は，「キャッシュ・フロー計算書（財務活動）（50ページ）」の金額（短期資金調達による収入（9,037,608百万円）と短期資金調達に係る債務の返済による支出（△9,039,601百万円）の純額の△1,993百万円）と一致します。

日本基準との違い

日本基準では，財務活動から生じた負債の変動の開示要求はありません。

■注記16　その他の金融負債

前連結会計年度末および当連結会計年度末におけるその他の金融負債の内訳は，以下のとおりです。

（単位：百万円）

	前連結会計年度末 （2019年3月31日）	当連結会計年度末 （2020年3月31日）
償却原価で測定する金融負債	64,800	67,427
純損益を通じて公正価値で測定する金融負債		
デリバティブ	69,491	115,168
リース負債	62,308	330,040
合計	196,599	512,635
流動負債	132,910	209,065
非流動負債	63,689	303,570
合計	196,599	512,635

《著者注：償却原価で測定する金融負債の帳簿価額（IFRS7.8(g)）》

《著者注：純損益を通じて公正価値で測定する金融負債の帳簿価額（IFRS7.8(e)）》

リース負債については，56ページを参照してください。

■注記22 金融収益及び金融費用

前連結会計年度および当連結会計年度における金融収益及び金融費用の内訳は，以下のとおりです。

(単位：百万円)

	前連結会計年度 (自2018年4月1日 至2019年3月31日)	当連結会計年度 (自2019年4月1日 至2020年3月31日)
受取利息		
償却原価で測定する金融資産	46,862	47,679
その他の包括利益を通じて公正価値で測定する金融資産	323	249
純損益を通じて公正価値で測定する金融資産	1,433	1,484
合計	48,618	49,412
支払利息		
償却原価で測定する金融負債	△13,217	△15,624
その他	－	△9,065
合計	△13,217	△24,689
その他(純額)		
受取配当金		
その他の包括利益を通じて公正価値で測定する金融資産	5,056	5,169
純損益を通じて公正価値で測定する金融資産	21	25
デリバティブから生じる損益		
純損益を通じて公正価値で測定する金融資産および金融負債	△54,897	△19,270

為替差損益	31,266	△24,942
その他	7,331	6,373
合計	△11,223	△32,645
合計	24,178	△7,922

《著者注：償却原価で測定する金融資産，FVTOCIの金融資産，償却原価で測定する金融負債，FVTPLの金融資産からの利得または損失（IFRS7.20)》

《著者注：FVTOCI（株式）の金融資産からの配当（IFRS7.11A(d)）》

《著者注：為替差損益（IAS21.52(a)）》

ポイント

☑ 注記22は，金融資産と金融負債に関連する損益計算書で示された金額（受取利息，支払利息，およびその他（純額））の内訳を示しています。

☑ 配当などの収益は，対応する投資の期末残高に対する割合を見てみましょう。デリバティブからの損益が多額になっていますが，これは本田が「ヘッジ会計」を適用していないためで，「ヘッジ会計」を適用していれば，「公正価値ヘッジ」に該当するであろう損益については「その他の包括利益」として繰り延べられ，将来において関連する損益との相殺が行われることになるからです。

☑ 本田は，ヘッジのためにデリバティブを使用していますが（78ページ参照），「ヘッジ会計」を行っていないのは，「ヘッジ会計」に適格であるためには，多くの条件が要求され，特に，ヘッジの有効性の評価と関連する文書化には多くの時間を要するからだと思われます。「ヘッジ会計」は強制ではなく，企業の選択です。「ヘッジ会計」を適用する場合と適用しない場合の「損益に対する影響」や「条件を満たすための負担」を考慮しての選択と思われます。

☑ 「ヘッジ会計」では，「キャッシュ・フロー・ヘッジ」については損益が繰り延べられますが，毎期同額の関連するデリバティブの損益が発生するのであれば，「ヘッジ会計」を適用する場合と適用しない場合の損益の違いはなくなります。

日本基準との違い

日本基準では，FVTOCI（株式）の概念はないので，当該投資からの配当金の開示要求もなく，受取配当金が細分化されることはほとんどありません。

■注記25　金融リスク管理

(1)　リスク管理に関する事項

　当社および連結子会社は，日本をはじめとする世界各国の生産拠点で生産活動を行っており，その製品および部品を複数の国で販売しています。その過程において，当社および連結子会社は，事業活動から生じる営業債権，金融サービスに係る債権，営業債務および資金調達に係る債務等を保有し，当該金融商品を保有することで市場リスク，信用リスクおよび流動性リスクにさらされています。

　当社および連結子会社は，定期的なモニタリングを通じてこれらのリスクを評価しています。

《著者注：リスク管理の定性的な開示（IFRS7.33）》

(2)　市場リスク

　当社および連結子会社は，為替または金利の変動により金融商品の公正価値または将来キャッシュ・フローが変動するリスクを有しています。

　当社および連結子会社は，主に，為替または金利の変動により将来キャッシュ・フローが変動するリスクを低減するために，為替予約，通貨オプション契約，通貨スワップ契約および金利スワップ契約などのデリバティブ取引を行っています。

　デリバティブ取引については，リスク管理方針に従い，実需の範囲で行っています。また，当社および連結子会社は，売買目的でデリバティブを保有していません。

①　為替リスク

　当社および連結子会社は，日本をはじめとする世界各国の生産拠点で生産活動を行っており，その製品および部品の多くを複数の国に輸出しています。各国における生産および販売では，外貨建てで購入する原材料および部品や，販売する製品および部品があります。したがって，為替変動は，当社および連結子会社の収益またはその保有する金融商品の価値に影響を及ぼす可能性があります。

　為替予約および通貨オプション契約は，外貨建取引（主に米ドル建）の為替レートの変動リスクを管理するために行っています。

（為替感応度分析）

　当社および連結子会社が前連結会計年度末および当連結会計年度末において保有する金融商品の為替リスクに対する感応度分析は，以下のとおりです。なお，感応度分析は，為替以外のその他の全ての変数が一定であることを前提として，米ドルに対して日本円が1％円高（上昇）となった場合における税引前利益への影響を示しています。

（単位：百万円）

	前連結会計年度末 （2019年3月31日）	当連結会計年度末 （2020年3月31日）
税引前利益への影響	△777	△828

《著者注：感応度分析（IFRS7.40)》

②　金利リスク

　当社および連結子会社は，主に債務契約および金融サービスに係る債権に関連する金利変動リスクを有しています。当社および連結子会社は，コマーシャル・ペーパーのような短期調達資金に加え，固定または変動金利の長期債務を保有しています。通常，金融サービスに係る債権は，固定金利です。金利スワップ契約については，主に金融サービスに係る債権の金利変動に対するリスクを管理し，金融収益と金融費用を対応させることを目的としています。通貨スワップ契約は，上記の金利スワップ契約を他通貨間で行う際のもので，為替変動リスクのヘッジ機能を併せもつものです。

（金利感応度分析）

　当社および連結子会社が前連結会計年度末および当連結会計年度末において保有する金融商品の金利リスクに対する感応度分析は，以下のとおりです。なお，感応度分析は，金利以外のその他の全ての変数が一定であることを前提として，金利が100ベーシス・ポイント上昇した場合における税引前利益への影響を示しています。

（単位：百万円）

	前連結会計年度末 （2019年3月31日）	当連結会計年度末 （2020年3月31日）
税引前利益への影響	△1,915	△4,861

《著者注：感応度分析（IFRS7.40)》

③ 株価リスク

当社および連結子会社は，市場性のある資本性証券を保有していることから価格変動リスクを有しています。市場性のある資本性証券は，売買以外の目的で保有しており，主にその他の包括利益を通じて公正価値で測定する金融資産に分類しています。

(3) 信用リスク

当社および連結子会社は，相手方が債務を履行できなくなることにより，財務的損失を被るリスクを有しています。デリバティブ以外の金融資産については，与信管理規定に従ってリスクの低減を図っています。また，デリバティブについては，契約相手を既定の信用基準に該当する国際的な有力銀行や金融機関に限定することでリスクの低減を図っています。

当社および連結子会社の信用リスクは，主に，金融サービスに係る債権に関して発生しています。顧客に対する金融債権に係る信用リスクは，一般的な経済動向によって影響を受けることがあります。失業率の上昇などの経済情勢悪化は貸倒れのリスクを高め，中古車価格の下落は，担保の回収による補填金額を減少させる可能性があります。当社の金融子会社は，信用リスクに影響を与えると考えられる審査基準のモニタリングおよび見直し，見積損失を考慮した契約金利の設定，損失を最小化する回収努力を通じ，顧客に対する金融債権に係る信用リスクに対処しています。販売店に対する金融債権に係る信用リスクは，販売店の財務体質，担保の価値，販売店の信用力に影響を与える可能性のある経済要因などにより影響を受けます。当社の金融子会社は，融資前に実施する販売店の財務体質の包括的な審査，支払実績と既存の融資に対する弁済能力の継続的なモニタリングなどを通じ，直面する信用リスクに対処しています。

また，当社および連結子会社は，さまざまな保証契約を結んでいます。これらの契約には販売店に対する貸出コミットメントおよび従業員の銀行住宅ローンに対する保証が含まれます。当社の金融子会社は，販売店に対する貸出コミットメント契約に基づき，貸付金の未実行残高を有しています。これらの貸出コミットメント契約には，貸出先の信用状態等に関する審査を貸出の条件としているものが含まれるため，必ずしも貸出実行されるものではありませんが，貸出実行後に販売店が債務を履行できなくなる

ことにより，財務的損失を被るリスクを有しています。また，従業員が銀行住宅ローンについて債務不履行に陥った場合，当社および連結子会社は，保証を履行することが要求されます。当連結会計年度末において，従業員は予定された返済を行えると考えられるため，当該支払義務により見積られた損失はありません。

《著者注：信用リスクの管理（IFRS7.35F）》

① 信用リスク・エクスポージャー

著者注：期日を過ぎた債権の年齢分析についての説明

前連結会計年度末および当連結会計年度末における支払期日を過ぎた金融サービスに係る債権の年齢分析は，以下のとおりです。

（著者注：前連結会計年度末（2019年3月31日）は省略しました）

当連結会計年度末（2020年3月31日）

（単位：百万円）

	30日未満	30-59日経過	60-89日経過	90日以上経過	合計
顧客に対する金融債権					
小売金融	199,260	38,862	9,621	6,609	254,352
ファイナンス・リース	152	31	9	280	472
販売店に対する金融債権					
卸売金融	16,959	6,254	395	156	23,764
合計	216,371	45,147	10,025	7,045	278,588

《著者注：支払期日を過ぎた債権の年齢分析（IFRS7.37(a)）》

著者注：小売金融のステージ別の期末残高についての説明

前連結会計年度末および当連結会計年度末における顧客に対する金融債権のうち小売金融の内訳は，以下のとおりです。

（著者注：前連結会計年度末（2019年3月31日）は省略しました）

当連結会計年度末（2020年3月31日）

(単位：百万円)

	12ヵ月の予想信用損失（ステージ1）	全期間の予想信用損失		合計
		信用減損なし（ステージ2）	信用減損あり（ステージ3）	
顧客に対する金融債権				
小売金融(注)	2,969,699	1,450,663	20,002	4,440,364

(注) 当社の金融子会社は小売金融に係る債権の予想信用損失を集合的に測定しており，当該債権の残高を信用リスクごとの等級に直接配分していないことから，小売金融に係る債権について予想信用損失モデルのステージ毎の総額を表示しています。

　当社の金融子会社は，販売店毎に各社の財政状態などを踏まえて等級を設定しています。等級については，少なくとも年に一度見直しを行い，リスクの高い販売店については，より高い頻度で見直しを行っています。

著者注：販売店に対する金融債権の残高と貸出コミットメントの等ステージ別の内訳についての説明

　以下の表は，販売店に対する金融債権および貸出コミットメントの残高を，等級を基にグループA，グループB，2つのグループに分類して表示しています。リスクの低い販売店に対する残高をグループAに分類し，残りの残高をグループBに分類しています。

　前連結会計年度末および当連結会計年度末における，販売店に対する金融債権の残高および貸出コミットメントに対する割引前の将来最大支払額の等級別の内訳は，以下のとおりです。

（著者注：前連結会計年度末（2019年3月31日）は省略しました）

当連結会計年度末（2020年3月31日）

(単位：百万円)

	12ヵ月の予想信用損失（ステージ1）	全期間の予想信用損失		合計
		信用減損なし（ステージ2）	信用減損あり（ステージ3）	
販売店に対する金融債権				

グループA	414,323	23,308	77	437,708
グループB	217,741	9,900	1,643	229,284
合計	632,064	33,208	1,720	666,992
貸出コミットメント				
グループA	43,823	–	–	43,823
グループB	19,832	–	–	19,832
合計	63,655	–	–	63,655

《著者注：増減表（IFRS7.35H)》

　当連結会計年度末における，従業員の銀行住宅ローンに対する割引前の将来最大支払額は，10,100百万円です。

② 保証として保有している担保
　当社の金融子会社は顧客に対する金融債権については，通常，販売した製品を担保として保有しています。販売店に対する金融債権については，販売した製品に加えて，販売店のその他の資産を担保として保有しています。担保が信用リスクをどの程度軽減しているかは，担保回収時の未回収債権残高に対する，担保の価値に影響されます。帳簿価額を上回る部分を除くと，前連結会計年度末および当連結会計年度末における信用減損した顧客に対する金融債権に対する担保の見積公正価値は，それぞれ概ね帳簿価額の60％であり，信用減損した販売店に対する金融債権に対する担保の見積公正価値は，それぞれ概ね帳簿価額の90％，60％です。担保が信用リスクをどの程度軽減しているかは，担保を回収できるか否かにも影響されます。

《著者注：保有している担保（IFRS7.35K)》

⑷ 流動性リスク
　当社および連結子会社は，コマーシャルペーパーの発行，銀行借入金，ミディアムタームノート，社債の発行，金融債権の証券化およびオペレーティング・リース資産の証券化等により資金を調達しており，資金調達環境の悪化などにより支払期日にその支払を実行できなくなるリスクを有しています。

　当社および連結子会社は，事業活動のための適切な資金確保，適切な流動性の維持および健全なバランスシートの維持により，流動性リスクに対処しています。

　生産販売事業における必要資金については，主に営業活動から得られる資金および銀行借入金，社債の発行およびコマーシャルペーパーの発行などによりまかなっています。また，顧客および販売店に対する金融サービスにおける必要資金については，主にミディアムタームノート，銀行借入金，金融債権の証券化，オペレーティング・リース資産の証券化，コマーシャルペーパーの発行および社債の発行などによりまかなっています。

　著者注：コマーシャルペーパー等の発行の未使用枠についての説明

　前連結会計年度末および当連結会計年度末における当社および連結子会社のコマーシャルペーパープログラムおよびミディアムタームノートプログラムに関する発行限度額のうち，未使用の金額は，以下のとおりです。

（単位：百万円）

	前連結会計年度末 （2019年3月31日）	当連結会計年度末 （2020年3月31日）
コマーシャルペーパー	602,243	481,352
ミディアムタームノート	1,229,911	2,791,490
合計	1,832,154	3,272,842

　これらのプログラムにより，当社および連結子会社は市中金利で資金調達を行うことが出来ます。

　著者注：未使用の信用供与枠についての説明

　当社および連結子会社は，景気後退による市場の縮小や金融市場・為替市場の混乱などにより，流動性に一部支障をきたす場合に備え，継続的に債務を借り換えているコマーシャルペーパーについて，代替流動性として十分な契約信用供与枠（コミットメントライン）を有しています。

　前連結会計年度末および当連結会計年度末における当社および連結子会社の金融機関からの契約信用供与枠（コミットメントライン）のうち，未使用の金額は，以下のとおりです。

	前連結会計年度末 （2019年3月31日）	当連結会計年度末 （2020年3月31日）
		（単位：百万円）
コマーシャルペーパープログラム	1,080,503	1,084,917
その他	58,199	63,484
合計	1,138,702	1,148,401

　通常，この契約信用供与に基づく借入は，プライムレート（最優遇貸出金利）で行われます。

（金融負債の満期分析）

① 　デリバティブ以外の金融負債

　前連結会計年度末および当連結会計年度末における非デリバティブ金融負債の期日別の内訳は，以下のとおりです。

（著者注：前連結会計年度末（2019年3月31日）は省略しました）

当連結会計年度末（2020年3月31日）

（単位：百万円）

	帳簿価額	1年以内	1年超 5年以内	5年超	契約上の キャッシュ・ フロー合計
営業債務	958,469	958,468	–	–	958,468
資金調達に係る債務	7,469,686	3,341,226	3,964,660	288,041	7,593,927
未払費用	449,716	449,716	–	–	449,716
その他の金融負債	397,467	88,629	98,285	230,562	417,476
合計	9,275,338	4,838,039	4,062,945	518,603	9,419,587

《著者注：非デリバティブ負債の満期分析（IFRS7.39(a)）》

　著者注：リース負債の期日分析についての説明

　その他の金融負債には，リース負債が含まれています。当連結会計年度末のリース負債の期日別の内訳は，以下のとおりです。

当連結会計年度末（2020年3月31日）

（単位：百万円）

	帳簿価額	1年以内	1年超 5年以内	5年超	契約上の キャッシュ・ フロー合計
リース負債	330,040	55,486	90,999	203,563	350,048

《著者注：非デリバティブ負債の満期分析（IFRS7.39(a)）》

② デリバティブ金融負債

　前連結会計年度末および当連結会計年度末におけるデリバティブ金融負債の期日別の内訳は，以下のとおりです。

（著者注：前連結会計年度末（2019年3月31日）は省略しました）

当連結会計年度末（2020年3月31日）

（単位：百万円）

	1年以内	1年超 5年以内	5年超	契約上の キャッシュ・ フロー合計
デリバティブ金融負債	51,697	69,621	365	121,683

《著者注：デリバティブ負債の満期分析（IFRS7.39b)）》

　リース負債については56ページを，債権に関連するクレジット損失引当金とステージについては99ページを参照してください。

ポイント ....

☑ 注記25は，企業がさらされている金融資産・負債に関するリスクを示し，そのリスクの管理をどのように行っているかを示しています。
☑ IFRSではリスク管理に関する開示を充実させています。
☑ 以下が注記に示された本田のリスク管理の概要です。

リスク	リスクへの対応等
市場リスク	
為替リスク	リスク軽減のためデリバティブを使用。感応度分析あり
金利リスク	リスク軽減のためデリバティブを使用。感応度分析あり
株価リスク	特になし

信用リスク	
デリバティブ以外の金融資産	与信管理規定の利用
デリバティブ	契約相手の限定
顧客への債権	審査基準，モニタリングなど
販売店への債権	財務体質の審査，モニタリングなど
保証契約	条件の設定
流動性リスク	発行枠，信用供与枠の獲得

☑ 感応度分析とは，指標（為替や金利など）が一定水準変動することによる影響を示す分析です。市場リスクだけでなく，従業員給付（年金）（153ページ参照）に関する感応度分析の開示が要求されます。この感応度分析により，指標の変動による損益の影響を知ることができます。

☑ 指標には絶対的な客観性がなく，また変動の可能性があることから感応度分析が要求されていると思われます。

☑ コマーシャルペーパーの未使用枠と未使用の信用供与枠は，資金が不足した場合の利用可能額を示しており，いざという場合に備えるものです。枠の獲得は，企業の信頼度に依存すると考えられ，本田については，十分な備えができているといえます。双方について，IFRSの要求はありませんが，米国基準の時代から継続して開示しています。

☑ 金融負債の満期分析は，今後の財務・営業のキャッシュ・フローの流出額を示すもので，将来のキャッシュ・フローの分析に役立ちます。

☑ 本田の有価証券報告書のMD＆Aでは，以下の満期分析の情報が開示されています。この情報はSECへ提出した年次報告書（様式20-Fの5.F項）で開示が要求されているものです。上記の注記での情報に加え，より包括的な将来の支出に関する情報を提供しています。

⑤ 契約上の債務

当連結会計年度末における契約上の債務は，以下のとおりです。

	期間別支払金額（百万円）				
	合計	1年以内	1～3年	3～5年	それ以降
資金調達に係る債務	7,593,927	3,341,226	2,858,357	1,106,303	288,041
その他の金融負債	539,159	140,326	125,857	42,049	230,927

発注残高およびその他契約残高（注1）	80,670	74,028	5,756	886	―
確定給付制度への拠出（注2）	42,174	42,174	―	―	―
合計	8,255,930	3,597,754	2,989,970	1,149,238	518,968

（注）　1　当社および連結子会社の発注残高は，設備投資に関するものです。
　　　　2　2021年度以降の拠出額は未確定であるため，確定給付制度への拠出は，次
　　　　　連結会計年度に拠出するもののみ記載しています。

☑　上記「契約上の債務」の「その他の金融負債」の金額（539,159百万円）は，
　注記25の「その他の金融負債（417,476百万円）」（102ページ）と「デリバティ
　ブ金融負債（121,683百万円）」（103ページ）の合計に一致します。注記25の
　「営業債務」，「未払費用」は，財務ではなく営業に関係するため，上記「契約上の
　債務」には含まれていません。

☑　注記18「従業員給付」の確定給付年金への次年度の見積拠出額（国内制度は
　21,841百万円，海外制度は20,333百万円の合計42,174百万円）は，上記「契約
　上の債務」の「確定給付制度への拠出」の金額と一致します（154ページ参照）。

☑　上記「契約上の債務」の「発注残高およびその他契約残高（80,670百万円）」
　は注記28「契約残高および偶発債務」の「発注契約」の残高と一致します（203
　ページ参照）。

....

日本基準との違い ....

　日本基準では，リスク管理の定性的な開示の要求はなく，また，感応度分析の開
示は要求されません。

....

■注記27　金融資産および金融負債の相殺

　　前連結会計年度末および当連結会計年度末における金融資産および金融
　負債の相殺に関する情報は，以下のとおりです。
　（著者注：前連結会計年度末（2019年3月31日）は省略しました）

当連結会計年度末（2020年3月31日）

（単位：百万円）

	認識した金融資産および金融負債の総額	連結財政状態計算書で相殺した金額	連結財政状態計算書に表示している純額	マスター・ネッティング契約または類似の契約の対象だが，相殺の要件を満たさない金額	純額
その他の金融資産　デリバティブ	95,804	－	95,804	△81,059	14,745
その他の金融負債　デリバティブ	115,168	－	115,168	△81,059	34,109

　金融資産および金融負債の相殺の要件を満たさないため相殺していない金融商品に関する相殺の権利は，通常，倒産その他の事由により取引先が債務を履行できなくなるなどの特定の状況が発生した場合にのみ強制力が生じるものです。

《著者注：表形式での相殺の情報（IFRS7.13C）》

日本基準との違い ………………………………………………………………

　条件を満たした場合，IFRSでは相殺は強制ですが，日本基準では相殺は任意です。日本基準では，相殺に関する開示は要求されません。

………………………………………………………………………………………

5 ┊ 棚卸資産——後入先出法は認められない

(5) 棚卸資産

> 棚卸資産は，取得原価と正味実現可能価額のうち，いずれか低い額により測定しています。棚卸資産の取得原価には購入原価，加工費が含まれており，原価の算定に当たっては原則として先入先出法を使用しています。加工費には通常操業度に基づく製造間接費の配賦額を含めています。正味実現可能価額は，通常の事業の過程における予想販売価額から，完成までに要する見積原価および販売に要する見積費用を控除して算定しています。
> 《著者注：棚卸資産の評価にあたって採用した会計方針（IAS2.36(a)）》

ポイント

☑ 棚卸資産は，「取得原価」と「正味実現可能価額」のいずれか低い額により測定されます。「正味実現可能価額」は上記の方法で計算されますが，「正味実現可能価額」は公正価値ではありません。

☑ 棚卸資産の原価配分方法としては，個別法，先入先出法，加重平均法が認められますが，後入先出法は認められません。標準原価法，売価還元法は原価と近似する場合のみ認められます。

日本基準との違い

IFRSでは評価減の戻入れが要求されますが，日本基準では，戻入れを行う方法（洗替え法）と戻入れを行わない方法（切放し法）の選択が可能です。

■注記９　棚卸資産

前連結会計年度末および当連結会計年度末における棚卸資産の内訳は，以下のとおりです。

（単位：百万円）

	前連結会計年度末 （2019年３月31日）	当連結会計年度末 （2020年３月31日）
製品	973,797	909,076
仕掛品	78,006	76,264
原材料	534,984	575,228
合計	1,586,787	1,560,568

《著者注：棚卸資産の内訳（IAS2.36(b)）》

前連結会計年度および当連結会計年度において，費用として認識した棚卸資産の評価減の金額は，それぞれ32,565百万円，37,752百万円です。

《著者注：認識した棚卸資産の評価減の金額（IAS2.36(e)）》

ポイント

☑　注記９は棚卸資産の内訳を示しています。

☑　会計処理の結果，計上された評価減の金額（通常は，売上原価として計上）が開示されており，評価減の金額の多寡を知ることができます。

☑　棚卸資産の残高に対する評価減の割合の検討も有意義です。

日本基準との違い

棚卸資産の内訳は，日本基準では，通常，財務諸表の本体で表示されます。

6	**オペレーティング・リース資産──日本基準との違いはほぼなし**

⑹　オペレーティング・リース資産

> 当社および連結子会社は，原価モデルを採用し，オペレーティング・リース資産を取得原価から減価償却累計額および減損損失累計額を控除した金額で表示しています。
>
> 当社および連結子会社は，オペレーティング・リースとして貸与している車両について，当初認識時に取得原価で測定し，リース契約で定められている期間にわたり，見積残存価額まで定額法によって減価償却しています。リース用車両の残存価額は，過去の実績および第三者機関のデータなどを考慮に入れた将来の中古車価格の見積りを用いて算出しています。

ポイント
☑　リースしている車両（原資産）は有形固定資産であり，他の有形固定資産と同じ定額法により減価償却しています。

■注記11　オペレーティング・リース資産

> 当社および連結子会社は，主に車両を貸与しています。
>
> 前連結会計年度および当連結会計年度におけるオペレーティング・リース資産の取得原価，減価償却累計額および減損損失累計額の増減ならびに帳簿価額は，以下のとおりです。
> （著者注：前連結会計年度（自2018年4月1日　至2019年3月31日）の増減表，2019年3月31日の帳簿残高，および将来最低受取リース料は省略しました）

（取得原価）

(単位：百万円)

2019年3月31日残高	5,700,511
取得	2,244,893
売却または処分	△1,914,083
在外営業活動体の為替換算差額	△127,747
その他	−
2020年3月31日残高	5,903,574

（減価償却累計額および減損損失累計額）

(単位：百万円)

2019年3月31日残高	△1,251,662
減価償却費	△819,705
売却または処分	801,133
在外営業活動体の為替換算差額	28,760
その他	△36,037
2020年3月31日残高	△1,277,511

（帳簿価額）

(単位：百万円)

2020年3月31日残高	4,626,063

《著者注：原資産が有形固定資産の場合の増減表と期末帳簿価額「(IFRS16.95)」》

（著者注：一部省略）

（将来受取リース料）

　当連結会計年度末における，オペレーティング・リースに係る将来受取リース料の受取期間別の内訳は，以下のとおりです。

（単位：百万円）

	当連結会計年度末 （2020年3月31日）
1年以内	784,148
1年超2年以内	577,856
2年超3年以内	274,122
3年超4年以内	91,320
4年超5年以内	27,421
5年超	－
合計	1,754,867

　上記に記載されている将来受取リース料の金額は，必ずしも将来の現金回収額を示すものではありません。

《著者注：リース料債権の満期分析（IFRS16.97）》

（リース収益）

　当連結会計年度におけるオペレーティング・リースのリース収益は1,062,879百万円です。

《著者注：オペレーティング・リース収益（IFRS16.90(b)）》

ポイント ··

☑　オペレーティング・リース資産は財政状態計算書の強制表示項目ではありませんが，本田は重要性の観点から表示科目にしたと思われます。

☑　オペレーティング・リース資産の「取得原価と減価償却累計額の増減表」，「期末帳簿価額」，「将来受取リース料」，および「リース収益」を示しています。

☑　新リース基準（IFRS第16号）では，オペレーティング・リースとして貸与している資産は「オペレーティング・リース資産」として計上され，他の固定資産と同様に減価償却が行われます。新リース基準に関しては54ページを参照してください。

··

日本基準との違い ··

　「貸手」の会計処理については，新リース基準と旧リース基準（日本基準とほぼ同じ）との大きな違いはありません。日本基準では，増減表の開示要求はありません。

··

| 7 | 有形固定資産——日本に多い「定率法」の採用はほぼ不可 |

(7) 有形固定資産

> **著者注：評価モデル，財務諸表での計上額についての説明**
>
> 当社および連結子会社は，原価モデルを採用し，有形固定資産を取得原価から減価償却累計額および減損損失累計額を控除した金額で表示しています。
>
> 《著者注：帳簿価額を決定するために用いられた測定規準（IAS16.73(a)）》
>
> **著者注：測定，取得後の追加額についての説明**
>
> 当社および連結子会社は，有形固定資産を当初認識時に取得原価で測定しています。有形固定資産の取得後に発生した支出については，その支出により将来当社および連結子会社に経済的便益がもたらされることが見込まれる場合に限り，有形固定資産の取得原価に含めています。
>
> **著者注：減価償却方法，見積耐用年数，減価償却方法・耐用年数・残存価額の見直しについての説明**
>
> 当社および連結子会社は，土地等の減価償却を行わない資産を除き，各資産について，それぞれの見積耐用年数にわたり，見積残存価額まで定額法によって減価償却しています。
>
> 《著者注：使用された減価償却方法（IAS16.73(b)）》
>
> 有形固定資産の減価償却費を算定するために使用した主な見積耐用年数は，以下のとおりです。
>
> | 資産 | 見積耐用年数 |
> | --- | --- |
> | 建物及び構築物 | 3年～50年 |
> | 機械装置及び備品 | 2年～20年 |
>
> 《著者注：使用された耐用年数（IAS16.73(c)）》

有形固定資産の減価償却方法，耐用年数および残存価額は，各連結会計年度末に見直しを行い，変更が必要な場合は，会計上の見積りの変更として将来に向かって調整しています。

連結財政状態計算書上の有形固定資産には，リース取引による使用権資産が含まれています。

使用権資産の会計処理については，(9)リースを参照ください。

ポイント

☑ IFRSは，有形固定資産のその後の測定のために，「取得原価モデル」と「再評価モデル」の選択を認めています。「再評価モデル」を有していることが，IFRSの特徴の１つです。

☑ 「取得原価モデル」では減価償却と減損の評価が行われます。一方，「再評価モデル」では，資産の当初認識後，再評価（公正価値評価）をある程度のインターバルで実施します。

☑ IFRS任意適用企業で「再評価モデル」を選択する会社はほとんどありませんが，「再評価モデル」は，英国基準で採用していた方式で，それがIFRSに採用されたものです。

☑ 減価償却について，IFRSは，「コンポーネント・アプローチ（重要な構成部分ごとに減価償却を行うこと。例えば，飛行機の機体とエンジンは別々に減価償却を行う）」を採用しています。

☑ 減価償却方法については，当該資産の経済的便益が企業によって「消費されるパターン」を反映しなければならず，規則的な方法でその耐用年数にわたって配分します。

☑ 「消費されるパターン」に関しての考慮事項は以下とされます。

- 予想される使用パターン（生産量）
- 予想される物理的自然減耗
- 技術的または経済的な陳腐化
- 法的制約

☑ 償却方法の例示として，定額法，定率法，生産高比例法が挙げられ，方法の選択が可能です。しかし，「消費されるパターン」を反映する方法であることを立証する必要があり，「定率法」の採用は，通常，難しいのが現状です。本田は，定額法を採用しています。

☑ 耐用年数については，資産の使用態様，予測される物理的減耗，生産技術の変化等による技術的陳腐化，法的制約（リース契約期間等）などの要因を考慮して，

114

経営者の予想と判断に基づいて決定されます。

日本基準との違い

　日本基準では，「コンポーネント・アプローチ」の規定はなく，「再評価モデル」は認められません。

　日本企業の多くは，税務上の便益から早期に費用が計上される「定率法」を採用していますが，上記に示したように，IFRSの適用にあたり「定率法」を採用できる余地は少なく，IFRS移行時またはそれ以前のIFRS移行の準備段階で，有形固定資産の償却方法を「定率法」から「定額法」に変更するIFRS任意適用企業が多くみられます。

　日本では，「税務上の耐用年数」を使用する企業が多く，監査上では「税務上の耐用年数」の使用は認められています。したがって，IFRSの適用にあたり，耐用年数が変更される可能性があります。IFRSでは，償却方法と耐用年数の見直しが毎期行われますが，日本基準ではこの要求はありません。日本基準の定率法を採用している企業が定額法に変更した場合の影響は，各社で異なります。

■注記12　有形固定資産

　前連結会計年度および当連結会計年度における有形固定資産の取得原価，減価償却累計額および減損損失累計額の増減ならびに帳簿価額は，以下のとおりです。

（著者注：前連結会計年度（2018年４月１日～2019年３月31日）の増減表，2019年３月31日の帳簿残高は省略しました）

（取得原価）

（単位：百万円）

	土地	建物及び構築物	機械装置及び備品	建設仮勘定	合計
2019年３月31日残高	546,883	2,327,523	5,514,983	213,969	8,603,358
会計方針の変更による影響額	76,774	139,914	41,666	－	258,354
2019年４月１日残高（IFRS第16号）	623,657	2,467,437	5,556,649	213,969	8,861,712

取得	7,519	28,933	125,151	293,566	455,169
建設仮勘定から本勘定への振替	87	59,861	215,358	△275,306	－
売却または処分	△6,896	△19,531	△231,388	－	△257,815
在外営業活動体の為替換算差額	△7,860	△59,431	△192,632	△9,717	△269,640
その他	△820	△9,075	△31,325	△239	△41,459
2020年3月31日残高	615,687	2,468,194	5,441,813	222,273	8,747,967

《著者注：建設中の有形固定資産にかかわる支出額（増減表）(IAS16.74(b))》

（減価償却累計額および減損損失累計額）

（単位：百万円）

	土地	建物及び構築物	機械装置及び備品	建設仮勘定	合計
2019年3月31日残高	△4,564	△1,350,382	△4,262,435	△4,137	△5,621,518
会計方針の変更による影響額	－	－	－	－	－
2019年4月1日残高（IFRS第16号）	△4,564	△1,350,382	△4,262,435	△4,137	△5,621,518
減価償却費	△6,218	△88,565	△375,537	－	△470,320
売却または処分	860	12,673	198,448	－	211,981
在外営業活動体の為替換算差額	156	28,116	144,226	153	172,651
その他	△751	3,176	6,369	2,149	10,943
2020年3月31日残高	△10,517	△1,394,982	△4,288,929	△1,835	△5,696,263

《著者注：増減表 (IAS16.73(e))》

（帳簿価額）

（単位：百万円）

	土地	建物及び構築物	機械装置及び備品	建設仮勘定	合計
2020年3月31日残高	605,170	1,073,212	1,152,884	220,438	3,051,704

《著者注：期首および期末の帳簿価額 (IAS16.73(d))》

　有形固定資産の購入に関する発注契約については，連結財務諸表注記の「28　契約残高および偶発債務」を参照ください。

（使用権資産）

著者注：使用権資産の財政状態計算書での計上場所についての説明

　連結財政状態計算書上の有形固定資産には，リース取引による使用権資産が含まれています。
《著者注：使用権資産が含まれる財政状態計算書の科目（IFRS16.47⒜）》

著者注：リース契約についての説明

　当社および連結子会社は主に延長および解約オプションを含む店舗，社宅，駐車場に対するリース契約を締結しています。リース契約は各社で管理されており，その条件は個別交渉されるため，多様な契約条件を含んでいます。延長および解約オプションは，各社のマネジメントが事業上の柔軟性を高めるために設けたものです。
《著者注：リース活動の内容（IFRS16.59⒜）》

著者注：使用権資産の増減表についての説明

　当連結会計年度における使用権資産の帳簿価額の増減は，以下のとおりです。

（単位：百万円）

	土地	建物及び構築物	機械装置及び備品	合計
2019年4月1日残高	81,363	142,598	95,707	319,668
取得	6,263	19,988	53,276	79,527
減価償却費	△6,218	△14,755	△52,437	△73,410
その他	△3,492	△5,310	△10,941	△19,743
2020年3月31日残高	77,916	142,521	85,605	306,042

《著者注：使用権資産の原資産の区分ごとの償却費（IFRS16.53⒜）》
《著者注：使用権資産の増加（IFRS16.53⒣）》

ポイント ....

- ☑ 注記12は，有形固定資産の「取得原価と減価償却累計額の増減表」と「期末帳簿価額」，有形固定資産に含まれる使用権資産の「取得原価と減価償却累計額の増減表」と「期末帳簿価額」を示しています。
- ☑ 増減表では，有形固定資産の取得と廃棄の金額，減価償却費の分類ごとの金額を知ることができます。増減表が示されないと，増減の純額しか知ることができません。
- ☑ 新リース基準の「使用権資産」が有形固定資産に含まれるため，有形固定資産の注記に「使用権資産」の情報が含まれています。
- ☑ 増減表の期首の会計方針の変更による影響額は，新リース基準の採用によるものです。

....

日本基準との違い ....

日本基準では，増減表の開示要求はありません。

....

8 無形資産——のれんの減損が一番の論点

(8) 無形資産

著者注：評価モデル，財務諸表での計上額についての説明

　当社および連結子会社は，原価モデルを採用し，無形資産を取得原価から償却累計額および減損損失累計額を控除した金額で表示しています。

著者注：開発費が無形資産として計上される条件についての説明

（研究開発費）

　製品の開発に関する支出は，当社および連結子会社がその開発を完成させる技術上および事業上の実現可能性を有しており，その成果を使用する意図，能力およびそのための十分な資源を有し，将来経済的便益を得られる可能性が高く，信頼性をもってその原価を測定可能な場合にのみ，無形資産として認識しています。

著者注：無形資産として計上した開発費の範囲，償却，条件を満たさない開発費についての説明

　資産計上した開発費（以下「開発資産」という。）の取得原価は，上記の無形資産に関する認識要件を最初に満たした時点から開発が完了した時点までの期間に発生した費用の合計額で，製品の開発に直接起因する全ての費用が含まれます。開発資産は，開発した製品の見積モデルライフサイクル期間（主に2年〜6年）にわたり定額法で償却しています。

　研究に関する支出および上記の認識要件を満たさない開発に関する支出は，発生時に費用として認識しています。

著者注：開発費以外の無形資産の減価償却方法，見積耐用年数，減価償却方法・耐用年数の見直しについての説明

（その他の無形資産）

当社および連結子会社は，その他の無形資産を当初認識時に取得原価で測定し，それぞれの見積耐用年数にわたり，定額法で償却しています。その他の無形資産は，主に自社利用目的のソフトウェアであり，その見積耐用年数は概ね3年〜5年です。

《著者注：償却方法（IAS38.118(b)）》

無形資産の償却方法および耐用年数は，各連結会計年度末に見直しを行い，変更が必要な場合は，会計上の見積りの変更として将来に向かって調整しています。

ポイント

☑ 無形資産は，物理的実体のない識別可能な非貨幣性資産です。例としては，コンピュータ・ソフトウェア，パテント，コピー・ライト，映画フィルム，顧客リスト，漁業権，フランチャイズ等で，のれんと区別して識別されます。

☑ 無形資産を認識するためには，分離可能条件（企業から分離，売却，譲渡，ライセンス，賃借または交換できること）と契約・法的条件（契約上の権利から生じる）のいずれかの条件を満たすことが要求されます。他の資産より，厳しい資産の計上のための条件が求められる理由の1つは，「自己創設無形資産（購入した無形資産ではなく，自社が生み出した無形資産）」は，原則，資産計上できないためです。

☑ 「自己創設無形資産」が例外的に計上されるのは，条件を満たした開発費，企業結合での「のれん」，企業結合での「被取得企業で計上されていなかった無形資産」です。資産計上されなかった開発費と試験研究費の金額は開示されます（以下の注記21参照）。

☑ IFRSでは「耐用年数が確定できない無形資産（償却しない無形資産）」の概念がありますが，本田では当該無形資産はありません。本田の場合には，資産計上できる開発費の金額が大きく，他社の場合とは異なっています。

日本基準との違い

有形固定資産と同様に，IFRSで認められる「再評価モデル」は，日本では使用できません。IFRSでは条件を満たした開発費が資産計上されますが，日本基準では，原則として開発費は費用計上されます。

日本基準では，「耐用年数が確定できない無形資産」の概念はなく，有形固定資産

120

と同様に，償却方法と耐用年数の見直しの要求はありません。

■注記13　無形資産

前連結会計年度および当連結会計年度における無形資産の取得原価，償却累計額および減損損失累計額の増減ならびに帳簿価額は，以下のとおりです。
（著者注：前連結会計年度（自2018年４月１日　至2019年３月31日）増減表，2019年３月31日の帳簿残高は省略しました）

（取得原価）

（単位：百万円）

	開発資産	ソフトウェア	その他	合計
2019年３月31日残高	1,030,142	379,564	38,288	1,447,994
取得	−	14,971	14,065	29,036
内部開発	192,397	16,370	−	208,767
売却または処分	△136,575	△9,473	△826	△146,874
在外営業活動体の為替換算差額	△2,439	△9,684	△2,329	△14,452
その他	−	984	△3,008	△2,024
2020年３月31日残高	1,083,525	392,732	46,190	1,522,447

（償却累計額および減損損失累計額）

（単位：百万円）

	開発資産	ソフトウェア	その他	合計
2019年３月31日残高	△418,315	△274,498	△10,813	△703,626
償却費	△136,508	△33,199	△1,671	△171,378
売却または処分	136,575	7,870	159	144,604
在外営業活動体の為替換算差額	449	6,787	918	8,154
その他（注）	△38,534	△316	△917	△39,767
2020年３月31日残高	△456,333	△293,356	△12,324	△762,013

(注) 当社は，当連結会計年度において，四輪事業の一部の仕掛開発資産について，帳簿価額が回収可能価額を超過した金額を費用として認識しています。
《著者注：増減表（IAS38.118(e)）》

(帳簿価額)

(単位：百万円)

	開発資産	ソフトウェア	その他	合計
2020年3月31日残高	627,192	99,376	33,866	760,434

《著者注：期首および期末の総帳簿価額（IAS38.118(c)）》

　著者注：無形資産の償却費の計上科目についての説明

　開発資産の償却費は連結損益計算書の研究開発費に，開発資産以外の無形資産の償却費は連結損益計算書の売上原価，販売費及び一般管理費ならびに研究開発費にそれぞれ含まれています。

　無形資産の購入に関する発注契約については，連結財務諸表注記の「28 契約残高および偶発債務」を参照ください。
《著者注：償却費が含まれる包括利益計算書の科目（IAS38.118(d)）》

ポイント

☑　注記13は無形資産の「取得原価と減価償却累計額の増減表」，「期末帳簿価額」を示しています。
☑　開発費に関しては，以下の注記21で損益計算書での計上額についての補足的な情報を示しています。

日本基準との違い

　日本基準には増減表の開示要求はありません。日本基準で開発費が資産計上されないとすると，2020年3月31日終了年度では，償却費の136,508百万円は計上されません。

■注記21　研究開発費

　前連結会計年度および当連結会計年度の研究開発費の内訳は，以下のとおりです。

（単位：百万円）

	前連結会計年度 （自2018年4月1日 至2019年3月31日）	当連結会計年度 （自2019年4月1日 至2020年3月31日）
当期中に発生した研究開発支出	820,037	821,478
開発資産への振替額	△161,232	△192,397
開発資産の償却費及び減損損失	148,100	175,042
合計	806,905	804,123

《著者注：研究開発費用（IAS38.126)》

ポイント

☑　本田の場合には，業種の性質から多額の研究開発費を計上しています。研究開発費の多い会社を見る際は，多額の研究開発のための安定した業績があるか，および将来の業績に及ぼす影響等についても検討が必要でしょう。

　本田はのれんの残高がないので，三井物産の開示例（第101期）を示します。

注記13　無形資産

(1)　増減表（著者注：のれんの部分のみ）

（著者注：一部省略）

〔取得原価〕

（百万円）

前連結会計年度末（2019年3月31日）	122,046
増加	849
処分	－
為替換算差額	△4,109
その他	△6,296
当連結会計年度末（2020年3月31日）	112,490

（著者注：一部省略）
〔償却累計額及び減損損失累計額〕

（百万円）

前連結会計年度末（2019年3月31日）	43,478
償却額	－
減損損失	20,356
処分	－
為替換算差額	△1,128
その他	△2,893
当連結会計年度末（2020年3月31日）	59,813

〔帳簿価額〕

当連結会計年度末（2020年3月31日）	52,677

《著者注：増減表と期末残高（IFRS3.B67⒟）》

（著者注：一部省略）

⑵　暖簾及び耐用年数を確定できない無形資産の減損テスト

　前連結会計年度の暖簾の減損テストにおいて，各資金生成単位に配分された暖簾のうち，主なものは，Mitsui E&P Italia Aに配分された暖簾であり，前連結会計年度末の帳簿価額は21,845百万円です。回収可能価額は使用価値に基づき，イタリア陸上ゴルゴリオーネ鉱区テンパロッサ油田の生産計画から見積られた将来キャッシュ・フローの現在価値を用いております。割引率は，資金生成単位の固有のリスクを反映した市場平均と考えられる収益率を合理的に反映する率を使用しております。Mitsui E&P Italia Aの使用価値の算定に最も影響を及ぼす仮定は，生産計画及び石油価格です。生産計画は，オペレーターであるTotal E&P Italiaが策定し，Mitsui E&P Italia Aのマネジメントが承認した生産計画を用いています。石油価格は，Brent原油価格を基礎として算定しています。

　当連結会計年度の暖簾の減損テストにおいて，資金生成単位または資金生成単位グループに配分された金額には，当社グループ全体の暖簾の帳簿価額に比して重要なものはありません。

　前連結会計年度及び当連結会計年度の耐用年数を確定できない無形資産

の減損テストにおいて，資金生成単位または資金生成単位グループに配分された金額には，当社グループ全体の耐用年数を確定できない無形資産の帳簿価額に比して重要なものはありません。

ポイント

- ☑ のれんがある場合には，のれんの減損が一番の問題です。のれん，およびのれんの減損については138ページを参照してください。
- ☑ のれんについては，取得した会社の損益状況の把握が重要で，特に当該会社が損失を計上している場合には，減損の検討が必至です。

日本基準との違い

増減表の開示の要求はありません。上記三井物産でのれんが１つの企業結合で発生し，20年で償却する仮定とすると，期首の減損控除後ののれんの金額（78,568百万円＝122,046百万円−43,478百万円）÷20年＝3,928百万円の償却費が日本基準では計上されます。この償却により，IFRSより日本基準の利益が少なくなります。

9　リース──IFRS第16号を理解しておこう

(9)　リース

• 当連結会計年度より適用している会計方針

著者注：リースを含む契約の判定，資産の使用を支配する権利が移転
　　　　する条件についての説明

　当社および連結子会社は，契約の開始時に，契約がリースであるまたは
リースを含んだものであるか判定します。特定された資産の使用を支配す
る権利を一定期間にわたり対価と交換に移転する契約は，リースであるか
またはリースを含んでいます。使用期間全体を通じて特定された資産の使
用からの経済的便益のほとんどすべてを得る権利と，特定された資産の使
用を指図する権利を借手が有している場合に，資産の使用を支配する権利
が移転すると判定されます。

①　借手としてのリース

著者注：使用権資産・リース負債の認識，取得原価の構成と構成要素
　　　　の会計処理についての説明

　当社および連結子会社は，使用権資産およびリース負債をリース開始日
に認識しています。

　当社および連結子会社は，使用権資産を当初認識時に取得原価で測定し
ており，当該取得原価は，主にリース開始日以前に支払ったリース料を調
整したリース負債の当初認識の金額，借手に発生した当初直接コスト，原
資産の解体および除去費用や原状回復費用の見積りの合計で構成されてい
ます。当社および連結子会社は，リース構成部分と非リース構成部分を含
んだ契約について，非リース構成部分を区別せずに，リース構成部分と非
リース構成部分を単一のリース構成部分として会計処理しています。

著者注：使用権資産の評価モデル，財務諸表での計上額，減価償却についての説明

当社および連結子会社は，原価モデルを採用し，使用権資産を取得原価から減価償却累計額および減損損失累計額を控除した金額で表示しています。当初認識後，リース開始日から原資産の耐用年数の終了時またはリース期間の終了時のいずれか早い方まで定額法を用いて減価償却しています。原資産の見積耐用年数は，「3　重要な会計方針(7) 有形固定資産」を参照ください。

著者注：リース負債の認識額，現在価値計算のための利子率，リース負債の構成についての説明

リース負債はリース開始日現在で支払われていないリース料の現在価値で当初認識しています。当該リース料は，リースの計算利子率が容易に算定できる場合には，当該利子率を用いて割引いていますが，そうでない場合には，当社および連結子会社の追加借入利子率を使用しています。リース負債の測定に含まれているリース料は，主に固定リース料（延長オプションの行使が合理的に確実である場合の延長期間のリース料を含む），解約しないことが合理的に確実である場合を除いたリースの解約に対するペナルティの支払額で構成されています。

著者注：リース負債のその後の測定，再評価についての説明

当初認識後，リース負債の残高に対して一定の利子率となるように算定された金融費用を増額し，支払われたリース料を減額しています。リース負債は，延長オプションや解約オプションの行使可能性の評価に変更が生じた場合に再測定しています。

リース負債が再測定された場合には，リース負債の再測定の金額を使用権資産の修正として認識しています。ただし，使用権資産の帳簿価額がゼロまで減額され，さらにリース負債を減額する場合は，当該再測定の残額を純損益に認識しています。

② 貸手としてのリース

著者注：ファイナンス・リースの定義，サブ・リースの分類について
　　　　の説明

　当社および連結子会社は，リースを含む契約について，原資産の所有に
伴うリスクと経済的価値のほとんどすべてを借手に移転するリースをファ
イナンス・リースに分類し，その他のリースをオペレーティング・リース
として分類しています。サブリースは，原資産ではなくヘッドリースから
生じる使用権資産を参照して分類しています。

著者注：車両のリースの会計処理についての説明

　当社の金融子会社は，車両のリースを行っています。ファイナンス・
リースに係る顧客からの受取債権は，リース投資未回収総額をリースの計
算利子率で割引いた現在価値で当初認識し，連結財政状態計算書上の金融
サービスに係る債権に含めています。オペレーティング・リースとして貸
与している車両は，オペレーティング・リース資産として連結財政状態計
算書に表示しています。

　契約がリース構成部分と非リース構成部分を含んでいる場合には，契約
における対価をIFRS第15号に従い配分しています。

（著者注：前連結会計年度における会計方針（旧リース基準）は省略しま
した）

ポイント ....

☑　本田は2019年４月１日から新リース基準を適用し，比較年度には適用せず，
　2019年４月１日現在の利益剰余金の期首に累積的影響額を含める方法を採用しま
　した（注記３⑷　会計方針の変更（54ページ参照））。しかし，持分変動計算書の
　2019年４月１日の利益剰余金の金額が修正されていないため（47ページ参照），
　利益剰余金に対する影響はなかったようです。

☑　本田は，リースの貸手でもあり，借手でもあります。新リース基準については，
　54ページを参照してください。また，新リース基準での「借手」についての使用
　権資産は注記12（116ページ参照）に，リース負債は注記16（92ページ参照）の
　内訳として，「貸手」としてのオペレーティング・リース資産は注記11（109ペー

ジ参照）に，開示があります。

☑　注記11「オペレーティング・リース資産」（109ページ）などを参考にして，企業のリースへの依存度を見ることが必要です。

....

| 日本基準との違い |...

　日本では，新しいリース基準の開発を検討中です。

　現行の日本基準では，オペレーティング・リースに関して資産・負債が計上されることはありませんが，IFRSでは，原則として，以前にオペレーティング・リースとして分類されていたリースについては資産・負債が計上されます。また，損益については，現行の日本基準のオペレーティング・リースではリース料が定額で認識されますが，IFRSでは，当該リースに関して，ファイナンス・リースと同様に費用が前倒しとなります。

....

10 減損──信用損失が日本基準より早く計上される

⑽ 減 損

① 償却原価で測定する金融資産およびその他の包括利益を通じて公正価値で測定する金融資産に分類された負債性証券

著者注：予想損失モデルによる信用損失の測定についての説明

当社および連結子会社は，営業債権以外の償却原価で測定する金融資産およびその他の包括利益を通じて公正価値で測定する金融資産に分類された負債性証券の減損に係る引当金については次の3つのステージからなる予想損失モデルにより測定しています。

ステージ1　当初認識以降に信用リスクが著しく増大していない金融資産に対する12ヵ月の予想信用損失

ステージ2　当初認識以降に信用リスクが著しく増大したが，信用減損はしていない金融資産に対する全期間の予想信用損失

ステージ3　信用減損金融資産に対する全期間の予想信用損失

営業債権の減損に係る引当金については常に全期間の予想信用損失に等しい金額で測定しています。

全期間の予想信用損失は金融資産の予想存続期間にわたるすべての生じ得る債務不履行事象から生じる予想信用損失であり，12ヵ月の予想信用損失は全期間の予想信用損失のうち報告日後12ヵ月以内に生じ得る債務不履行事象から生じる予想信用損失です。予想信用損失は契約上のキャッシュ・フローと回収が見込まれるキャッシュ・フローの差額を当初の実効金利で割引き，確率加重した見積りです。

（金融サービスに係る債権─クレジット損失引当金）

当社の金融子会社は，金融サービスに係る債権の予想信用損失をクレジット損失引当金として計上しています。

信用リスクが著しく増大しているかの判定にあたり，顧客に対する金融債権については，個別的にも集合的にも評価しています。個別的な評価は

延滞状況に基づいています。過去の実績では30日以上支払いを延滞した顧客に対する金融債権は貸倒れの可能性が高くなっているため，30日以上期日を超過している場合に信用リスクが著しく増大しているとみなしています。集合的な評価は当初認識した会計期間，担保の形態，契約期間，クレジットスコア等のリスク特性が共通するグループごとに当初認識時からの予想債務不履行率の相対的な変化に基づき行っています。販売店に対する金融債権については，信用リスクが著しく増大しているかの判定は販売店ごとに行われており，支払状況のほか，財政状態の変化や財務制限条項の順守状況等の要素を考慮しています。

　金融サービスに係る債権に関する債務不履行の定義は，各金融子会社の内部リスク管理の実務によって定められています。米国に所在する当社の最も重要な金融子会社においては，60日の期日超過を債務不履行とみなしています。60日以上期日を超過している顧客に対する金融債権については，担保車両の差押えを含む回収活動を強化しており，債務不履行の顧客に対する金融債権を信用減損しているとみなしています。販売店に対する金融債権は販売店の重大な財政的困難，債務不履行や延滞等の契約違反，破産等，当初の契約条件に従ってすべての金額を回収できないという証拠が存在する場合に，信用減損しているとみなしています。

　当社の米国の金融子会社は，顧客に対する金融債権のうち回収不能と見込まれる部分について，期日を120日超過した時点または担保車両を差し押さえた時点で直接償却しています。履行強制活動が行われる期間や方法は，様々な法的規制により制限されますが，未回収残高は通常，直接償却後も数年間は履行強制活動の対象となります。回収不能額の見積りには，履行強制活動による回収見込額が反映されています。販売店に対する金融債権は回収するという合理的な予想を有していない場合に直接償却しています。

　当社の米国の金融子会社において，顧客に対する金融債権に係る予想信用損失の測定は，リスク特性が共通するグループごとに行われ，過去の実績，現在の状況，失業率，中古車価格，消費者の債務返済負担などの将来予測に基づく要素を反映しています。

（金融サービスに係る債権―リース残価損失引当金）

　著者注：リース残価損失引当金の計上についての説明

　当社の金融子会社は，ファイナンス・リースに係る債権の見積損失のうち，残存価額の未補償部分をリース残価損失引当金として計上しています。

　当社の金融子会社は，顧客にファイナンス・リースとしてリースしている一部の車両について，見積残存価額の大部分が補償される保険契約を締結しています。リース残価損失引当金は，残存価額のうち補償されない部分に係る見積損失を手当てするのに必要十分な金額を計上しています。当該引当金についても，現在の経済動向，業界における過去の状況および残価損失に係る当社の金融子会社における過去の経験値などの種々の要因を考慮して計上しています。

② 　非金融資産および持分法で会計処理されている投資

　著者注：非金融資産の減損の兆候の評価と減損テストについての説明

　当社および連結子会社は，棚卸資産および繰延税金資産以外の非金融資産（主に，オペレーティング・リース資産，有形固定資産および無形資産）について，各報告期間の期末日において，資産が減損している可能性を示す兆候の有無を評価しています。減損の兆候が存在する場合は，当該資産の回収可能価額を算定し，当該資産の帳簿価額との比較を行うことにより，減損テストを行っています。

　著者注：持分法投資の減損テストについての説明

　持分法で会計処理されている投資は，減損の客観的な証拠が存在する場合に，投資全体の帳簿価額を単一の資産として減損テストを行っています。

　著者注：資産または資金生成単位の回収可能価額の計算，資金生成単位のIFRSでの定義についての説明

　資産または資金生成単位の回収可能価額は，売却費用控除後の公正価値と使用価値のいずれか高い方の金額としています。使用価値は，資産または資金生成単位から生じると見込まれる将来キャッシュ・フローの現在価値として算定しています。資金生成単位は，他の資産または資産グループ

のキャッシュ・インフローから概ね独立したキャッシュ・インフローを生成する最小の識別可能な資産グループであり，個別の資産について回収可能価額の見積りが不可能な場合に，当該資産が属する資金生成単位の回収可能価額を算定しています。

> **著者注：資産または資金生成単位の減損の認識についての説明**
>
> 　資産または資金生成単位の帳簿価額が回収可能価額を上回る場合に，当該帳簿価額を回収可能価額まで減額するとともに，当該減額を減損損失として純損益に認識しています。資金生成単位に関連して認識した減損損失は，当該単位内の各資産の帳簿価額を比例的に減額するように配分しています。
>
> **著者注：減損の戻入れについての説明**
>
> 　過去に減損損失を認識した資産または資金生成単位について減損損失が既に存在しないか，あるいは減少している可能性を示す兆候がある場合で，当該資産または資金生成単位の回収可能価額が帳簿価額を上回るときは，減損損失を戻入れています。この場合，減損損失を認識しなかった場合の減価償却または償却控除後の帳簿価額を上限として，資産の帳簿価額を回収可能価額まで増額しています。

ポイント

☑ 　本田は営業債権，その他の金融資産については「貸倒引当金」，金融サービスに係る債権には「クレジット損失引当金」の用語を使用していますが，2つの用語はIFRS第9号「金融商品」の減損の観点からは同義語です。また，信用損失引当金もそれらと同義語です。

日本基準との違い

　日本基準の信用リスクに関する減損アプローチはIFRSと大きく異なり，減損の兆候を基礎とする日本基準より，IFRSのほうが早期に信用損失が計上されます。

　本田の開示では,「償却原価で測定する金融資産（図表3－4の1）と FVTOCI（債券）（同図表の2）」と「非金融資産（有形固定資産と無形資産（同図表の8,9）と持分法投資（同図表の5）」に区分して,減損の会計処理を説明しています。FVTOCI（株式）については減損の概念がありません。以下で会計処理について,この2つに区分して説明します。

会計処理のまとめ　**償却原価で測定する金融資産とFVTOCI（債券）の減損**

　IFRS第9号「金融商品」は,金融資産の減損に関して,旧基準であるIAS第39号で採用していた「発生損失（減損の兆候があった場合に減損テストをするアプローチ）」ではなく,「予想損失（expected credit losses）」に基づく新しい減損モデルを導入しました。IAS第39号と比較して,減損アプローチが大きく異なり,減損の兆候を基礎とするIAS第39号より,早期に減損損失が計上されます。早期の損失計上は財務諸表の利用者からの要望でした。IFRSの金融資産の信用リスクに関する「予想損失アプローチ」は今までのアプローチと比べ,手間のかかるアプローチとなっていますが,財務諸表利用者の望むことに応えなければなりません。IFRS第9号は,範囲となるすべての項目の減損に関して,同じ測定基礎を要求しています。IFRS第9号の信用損失引当金の対象となるのは,図表3－4の減損の欄の〇です。

図表3－4　**IFRS第9号とその他の基準書の減損の対象（〇が対象）**

科目等		IFRS第9号	
		その後の測定等	減損
金融商品			
1	営業債権・貸付金・債券	償却原価	〇
2	有価証券（債券）	FVTOCI（債券）	〇
3	有価証券（上場株式）	FVTPL	該当なし
		FVTOCI（株式）	該当なし
4	有価証券（非上場株式）	FVTPL	該当なし
		FVTOCI（株式）	該当なし
5	持分法投資	持分法（IAS第28号「関連会社及び共同支配企業に対する投資」）	IAS第28号で規定
6	デリバティブ	FVTPL	該当なし
7	公正価値オプション	FVTPL	該当なし

| 8 | 有形固定資産 | 取得原価で認識後，償却 | IAS第36号（「資産の減損」）で規定 |
| 9 | 無形資産 | 取得原価で認識後，償却 | IAS第36号で規定 |

(a) 予想信用損失の一般的なアプローチ

　購入または組成した<u>信用減損金融資産を除き</u>，予想信用損失は，各報告日に，以下のいずれかの金額と同額の信用損失引当金を通じて測定することが要求されます。

- 信用リスクが当初認識から著しく増大していない場合（IFRS9.5.5.5）
12ヵ月の予想信用損失（金融商品について報告日から12ヵ月以内に生じ得る債務不履行事象から生じる予想信用損失（全期間の予想信用損失の一部））
- 信用リスクが当初認識から著しく増大している場合（IFRS9.5.5.3）
全期間の予想信用損失（金融商品の存続期間にわたって，すべての生じ得る債務不履行事象から生じる予想信用損失）

　損失評価引当金について，前期において全期間の予想信用損失に等しい金額で計上したが，当期において信用リスクが当初認識以降に著しく増大していない場合には12ヵ月の予想信用損失に等しい金額で計上します（IFRS9.5.5.7）。

　購入または組成した「信用減損金融資産（例えば，財政的困難にある債務者に対する債権）」は，当初認識時に信用減損しているため，一般的なアプローチとは異なる取扱いになります。これらの資産について，企業は，当初認識以降の全期間の予想信用損失の変動を損失評価引当金として認識し，その変動は純損益に認識します（IFRS9.5.5.13）。

(b) 一般的なアプローチの例外──IFRS第15号「顧客との契約から生じる収益」の契約資産または営業債権（173ページ参照）とリース債権

　信用リスクが当初認識以降に著しく増大しているかどうかの評価なしに，以下の資産については，「全期間の予想信用損失についての損失評価引当金」の計上を強制すること，または選択することができます。

① IFRS第15号「顧客との契約から生じる収益」の範囲の契約資産または営業債権について，当該契約資産または受取債権が重要な財務要素を含まない場合（または１年以内の実務上の便宜を採用する場合）は，いつでも全期間の予想信用損失についての損失評価引当金の計上が強制されます（IFRS9.5.5.15）。

② IFRS第15号の範囲のすべての契約資産および/またはすべての営業債権について，重要な財務要素を含む場合には，原則として，信用リスクが当初認識以降に著しく増大しているかどうかの評価が必要ですが，全期間の予想信用損失を認識する会計方針を選択することができます。同じ選択は，リース債権についても別個に認められています（IFRS9.5.5.15）。この選択は，契約資産または営業債権，リース債権について，別々に行うことができます（IFRS9.5.5.16）。

会計処理のまとめ　有形固定資産，無形資産と持分法投資の減損

「減損」は，「見積りと判断」とともに，現在の会計で一番重要な課題で，双方が密接に関係しています。財務諸表の利用者は，できる限り早い損失の計上を望んでいます。有形固定資産と無形資産に減損会計が導入されたのも，信用損失のアプローチが変更されたのもこの観点からといえます。

有形固定資産と無形資産については継続した償却だけでは不十分で，それらの資産が属する事業から利益が生じなければそれらの資産についても減損として損失を計上することになりました。そのために，客観性をある程度犠牲にして，見積りを要求したのです。それまでは有形固定資産や無形資産の評価減は可能でしたが，減損というきちんとした概念がなかったのです。減損会計は大きなインパクトをもち，日本では減損会計の導入が大騒ぎになって，導入が１年延ばされたことをご記憶の方もいるでしょう。

79ページの金融資産のその後の測定のまとめでも触れましたが，資産について公正価値（取引の知識のある自発的な当事者間の，市場での，資産の売却により受領する，または負債の移転により支払う価格）で評価するということが目標であるとすると，図表３－５に示すように，減損を導入することにより，資産は公正価値か，公正価値に近い金額で計上されることになり，その目標に近づいているといえます。

136

| 図表3−5 | 主な資産の評価 |

資　産	金融資産・非金融資産	その後の測定の方法	内容等	減損テストは減損の兆候がありの場合に行うか
売却（清算）を想定する資産				
資本性証券（株式）	金融資産	FVTPL	選択でFVTOCI（株式）	−
デリバティブ	金融資産	FVTPL		−
負債性証券（債券）	金融資産	償却原価	減損（償却原価の条件を満たす場合）（評価性引当金）	NO
負債性証券（債券）	金融資産	FVTPL	（償却原価の条件を満たさない場合）	−
回収を想定する資産				
営業債権・貸付金	金融資産	償却原価	減損（評価性引当金）	NO
販売を想定する資産				
棚卸資産	非金融資産	取得価額	販売可能予想価額	YES
保有を想定する資産				
負債性証券（債券）	金融資産	FVTOCI（債券）	減損	YES
持分法投資	金融資産	持分法	減損	YES
使用を想定する資産				
有形固定資産	非金融資産	取得原価	減価償却＋減損	YES
無形資産（のれん以外）	非金融資産	取得原価	償却＋減損	YES

のれん	非金融資産	減損がなければ被取得企業の資産と負債の公正価値の差額を維持	償却なし＋減損	YES＋毎期
その他				
現金及び現金同等物	金融資産	−	公正価値そのもの	−

　金融商品以外（有形固定資産，無形資産（のれんを含む））の減損では，「個別資産」または「資金生成単位」が基礎になります。後述する「回収可能価額」を算定できる「個別資産」は限定的であるため，多くの場合，「資金生成単位」が基礎となります。「資金生成単位」を基礎とすることは，「会計単位」の問題です。

　「会計単位」とは会計をする単位のことで，単独ではなく複数の集合体を基礎にする場合には，どのような集合体にするかが問題となります。例えば，A（△20），B（△10），C（＋40）の場合，個別であれば，マイナスはAとBですが，AとCを集合体とする場合は＋20で，A，B，Cを集合体とする場合は+10となります。このように，会計処理のための単位次第で，会計処理の結果が変わることになります。

　「資金生成単位」は，「他の資産または資産グループのキャッシュ・インフローから概ね独立したキャッシュ・インフローを生成する最小の識別可能な資産グループ」と定義されますが，ここにも経営者の判断の余地が存在します。また，減損の兆候があった場合（のれんについては，減損の兆候の有無にかかわらず，毎年）に，減損テスト（減損の計算）が行われます。減損の兆候については，最低限の減損の兆候の例がIFRSでは示されていますが，減損の兆候の有無の決定にも経営者の判断が存在します。

　減損テストでは，「回収可能価額」は，「売却費用控除後の公正価値」と「使用価値」のいずれか高いほうの金額であり，「使用価値」は，「資産または資金生成単位から生じると見込まれる将来キャッシュ・フローの現在価値」です。「帳簿価額」が「回収可能価額」を上回る場合に，当該帳簿価額を回収可能価額まで減額し，当該減額を減損損失として損失計上します。

　過年度に認識した減損損失については，減損損失がすでに存在しないか，または減少している可能性を示す兆候がある場合には，減損損失を認識しなかった場合の償却控除後の帳簿価額を上限として，減損損失を戻し入れます。「使用価値」と「売却費用控除後の公正価値」については，見積りが必要となります。

　このように，有形固定資産と無形資産の減損，特にのれんの減損については，見積りと判断が必要となるため，大変難しい問題となります。IFRSでは，持分法投資については，減損の客観的な証拠がある場合，投資全体を単一の資産として減損テストを行います。

　のれんは実体のない資産であることから減損が非常に大きな意味をもちます。のれんの発生したM＆Aを特定し，のれんの計上の対象となる会社を特定することはできますが，個別の子会社の情報は，その子会社が上場していない限り，会社の外部からは把握できません。ただし，その子会社が属するセグメントはわかります。したがって，属するセグメントの損益状況とMD＆Aによる開示がのれんの減損に関する外部からの情報源となります。
　いずれにしろ，会社からの情報提供がない限り，会社の外部からのれんの減損の可能性を判断するのは難しいといえます。

　実例を紹介しましょう。皆さんは，ソニー・ケースをご存じでしょうか？いささか古い話になりますが，ソニーがSECから罰金を科せられた事件です。1998年に，SECは，情報開示規則違反でソニーに100万ドルの罰金を科しました。罰金は，会計処理に関するものではなく，開示に関してのものです。ソニーは，1989年のバブルの最中に，米国のコロンビア・ピクチャーズ（以下「CP」）を46億ドルで買収し，のれんを38億ドル計上しました。このれんは，当時の会計基準のもとで40年償却をしていました。しかし，取得当時からCPの業績はずっと振るわず，1994年11月に27億ドルののれんの償却を公表し，その償却は1995年3月期の損益に含まれました。この公表後，株価は東京で5％，ニューヨークで6％下落しました。
　それから約4年後の1998年8月に，SECはソニーの情報開示規則違反を公表しました。SECは，3〜4年のインターバルで上場会社の年次報告書をレビューし，レビューの結果（指摘事項）を会社に知らせて，回答を入手し，改善すべき点については改善を求めます。SECによる違反の公表はレビューの結果であると思えます。SECの指摘は，ソニーの開示セグメントは，エレクトロニクスとエンターテインメントの2つしかなく，エンターテインメントに含まれる映画の個別の開示がなく，映画の損益が外部からはわからないこと（その後，ソニーはセグメントの数を増加），SECに提出された年次報告書のMD&Aや四半期報告書でCPの不振に関する開示が不十分であることでした。したがって，SECの趣旨は，米国の投資家がCPに関するのれんの償却を予想できるような情報が開示されていなかったことを問題にしているのです。

　会社外部からの情報が得られにくいという観点からは，近年の東芝事件における原発の子会社であるウエスティングハウスに関するのれんの減損が良い例です。ウエスティングハウス（非上場）はのれんを減損しました（プッシュ・ダウンと呼ばれる米国基準の会計処理（親会社で計上すべきのれんを子会社で計上させる会計処理）により，ウエスティングハウス取得ののれんがウエスティングハウスで計上されていました）。しかし，東芝の連結ではそののれんの減損の戻しをしたというものです。外部からは，ウエスティングハウスの財務情報も，損益の情報も採ることができず，報道で知るところとなりました。

　有形固定資産，無形資産の減損に関して重要な点は，「ソニー・ケース」のようなサプライズの減損にならないように，MD＆Aや注記で適切な開示をすること，その一点です。これができそうでできないことです。悪い情報は，総じて，外部に開示したくないと考えるのが世の常です。しかし，そういう態度が粉飾につながる可能性もあるのです。日本での経済犯罪に関する刑事罰が米国に比べて緩やかなことは，粉飾の防止の観点からは問題であると思っています。要求される開示だけでは不十分という事態がある可能性からも，要求される開示だけではなく，追加の積極的な開示が望まれます。

日本基準との違い

　有形固定資産・無形資産の減損の会計処理については，図表3－6に示した違いがあります。

図表3－6　減損に関するIFRSと日本基準との会計処理の違い

項目	IFRS（IAS第36号「資産の減損」）	日本基準
償却	非償却	20年以内の定額償却
減損テスト	〔1ステップ・テスト〕帳簿価額と回収可能価額を比較する。	〔2ステップ・テスト〕割引前の見積将来キャッシュ・フローが帳簿価額を下回る場合に，回収可能価額を見積る。
減損損失の戻入れ	強制される（のれんは不可）。	認められない。

キャッシュ・フローの期間と予算の使用	資産の残存耐用年数。承認された予算の使用は，原則，最長5年間。	資産グループ中の主要資産の経済的残存使用年数と20年のいずれか短い年数
のれんの減損テスト	減損の兆候の有無にかかわらず，毎年実施。	減損の兆候がある場合に実施。

■注記6　営業債権

（著者注：前段は省略）

　前連結会計年度および当連結会計年度における営業債権に係る貸倒引当金の増減は，以下のとおりです。

（単位：百万円）

	前連結会計年度 （自2018年4月1日 至2019年3月31日）	当連結会計年度 （自2019年4月1日 至2020年3月31日）
期首残高	14,389	12,555
再測定	251	589
直接償却	△1,590	△971
在外営業活動体の為替換算差額	△495	△871
期末残高	12,555	11,302

　前連結会計年度および当連結会計年度の営業債権に係る貸倒引当金については常に全期間の予想信用損失に等しい金額で測定しています。

《著者注：信用損失引当金（貸倒引当金）の増減表（IFRS7.16)》

日本基準との違い

　日本基準では貸倒引当金の増減表の開示は求められません。また，上記に示したように，信用リスクに関するアプローチがIFRSとは違います。

■注記7 金融サービスに係る債権

(著者注：前段は省略)

(クレジット損失引当金)

　前連結会計年度および当連結会計年度におけるクレジット損失引当金の増減は，以下のとおりです。

(著者注：前連結会計年度（自2018年4月1日 至2019年3月31日）は省略しました)

（単位：百万円）

	12ヵ月の予想信用損失（ステージ1）	全期間の予想信用損失		合計
		信用減損なし（ステージ2）	信用減損あり（ステージ3）	
小売金融				
2019年3月31日残高	22,612	10,407	6,741	39,760
再測定	5,547	16,637	32,649	54,833
直接償却	—	—	△31,436	△31,436
在外営業活動体の為替換算差額	△1,504	△412	△1,000	△2,916
2020年3月31日残高	26,655	26,632	6,954	60,241
ファイナンス・リース				
2019年3月31日残高	534	72	124	730
再測定	△15	29	128	142
直接償却	—	—	△130	△130
在外営業活動体の為替換算差額	△38	△5	△9	△52
2020年3月31日残高	481	96	113	690
卸売金融				
2019年3月31日残高	1,419	329	965	2,713
再測定	127	2	1,776	1,905
直接償却	—	—	△1,784	△1,784
在外営業活動体の為替換算差額	△109	△13	△175	△297
2020年3月31日残高	1,437	318	782	2,537
合計				
2019年3月31日残高	24,565	10,808	7,830	43,203
再測定	5,659	16,668	34,553	56,880

直接償却	—	—	△33,350	△33,350
在外営業活動体の為替換算差額	△1,651	△430	△1,184	△3,265
2020年3月31日残高	28,573	27,046	7,849	63,468

クレジット損失引当金の詳細は，連結財務諸表注記の「25 金融リスク管理⑶信用リスク」を参照ください。

《著者注：信用損失引当金の増減表（IFRS7.16）》

ステージの概要については99ページ，129ページを，期日を過ぎた金融サービス債権の年齢調べについては98ページを参照してください。

ポイント

☑ 注記6は営業債権の貸倒引当金の増減表を，注記7はクレジット損失引当金の増減表を示しています。注記6の営業債権の内訳は83ページに，注記7の金融サービスに係る債権の内訳は84ページに示しています。

☑ まず，97ページで本田の営業債権の内容を確認しましょう。本田は，3つのステージに区分して開示をしています。

☑ クレジット損失引当金の増減表に直接償却が示されていますが，顧客に対する金融債権（小売金融・ファイナンス・リース）については，本田の米国子会社では期日を120日超過した時点または担保車両を差し押さえた時点で直接償却し，販売店に対する金融債権（販売金融）については，回収するという合理的な予想を有していない場合に直接償却されます（130ページ参照）。また，増減表の再測定は引当を意味していると思われます。

☑ 信用リスクに関して開示されている数値を使用した筆者のクレジット損失引当金の分析は以下のとおりです（年齢分析については，98ページ参照）。

（単位：百万円）

| | 2020年3月31日現在 | | | | |
	債権残高	期日を過ぎた債権	うち30日以上（B）	クレジット損失引当金残高（A）	（A）÷（B）
小売金融	4,440,364	254,352	55,092	60,241	109%
ファイナンス・リース	125,958	472	320	690	216%
卸売金融	666,992	23,764	6,805	2,537	37%
	5,233,314	278,588	62,217	63,468	

☑ 信用リスクに関して，有価証券報告書のMD＆Aにはより詳細な分析を示した以下の表が開示されています。

当連結会計年度（自2019年4月1日 至2020年3月31日）

	小売金融 （百万円）	ファイナンス・リース （百万円）	卸売金融 （百万円）	合計 （百万円）
クレジット損失引当金				
期首残高	39,760	730	2,713	43,203
再測定	54,833	142	1,905	56,880
直接償却	△31,436	△130	△1,784	△33,350
在外営業活動体の為替 　　換算差額	△2,916	△52	△297	△3,265
期末残高	60,241	690	2,537	63,468
金融サービスに係る債権 期末残高	4,440,364	125,958	666,992	5,233,314
金融サービスに係る債権 平均残高	4,552,643	132,568	651,139	5,336,350
直接償却／金融サービスに 係る債権平均残高	0.69%	0.10%	0.27%	0.62%
クレジット損失引当金／金 融サービスに係る債権期末 残高	1.36%	0.55%	0.38%	1.21%

☑ 信用損失引当金が十分かどうかを外部から判断するのは，極めて難しいといえます。しかし，上記のような分析の情報を入手または作成することで，ある程度の判断は可能です。

．．．

日本基準との違い ．．．

　日本基準では貸倒引当金の増減表の開示は求められません。また，信用リスクに関するアプローチがIFRSとは違います。

．．．

■注記8　その他の金融資産

（著者注：前段は省略）

　前連結会計年度および当連結会計年度におけるその他の金融資産に係る貸倒引当金の増減は，以下のとおりです。

（単位：百万円）

	前連結会計年度 （自2018年4月1日 至2019年3月31日）	当連結会計年度 （自2019年4月1日 至2020年3月31日）
期首残高	10,145	4,233
再測定	284	600
直接償却	△6,194	△1,463
在外営業活動体の為替換算差額	△2	△6
期末残高	4,233	3,364

　前連結会計年度および当連結会計年度のその他の金融資産に係る貸倒引当金は，主に信用減損金融資産に対するものです。

（著者注：以下省略）

《著者注：信用損失引当金の増減表（IFRS7.35H）》

ポイント　金融資産の減損

☑　注記8はその他の金融資産の貸倒引当金（主に信用減損金融資産（134ページ参照））の増減表を示しています。注記8のその他の金融資産の内訳は86ページに示しています。

☑　本田の場合，信用減損金融資産（回収が困難な金融資産。例えば，財政的困難にある債務者に対する債権）について，債務不履行（60日の期日超過）の顧客に対する金融債権を信用減損しているとみなしています（130ページ参照）。

☑　販売店に対する金融債権は，販売店の重大な財政的困難，債務不履行や延滞等の契約違反，破産等，当初の契約条件に従ってすべての金額を回収できないという証拠が存在する場合に，信用減損しているとみなしています（130ページ参照）。本田は，FVTOCI（債券）について，減損を計上していないようです（86ページの注記8のその他の金融資産の内訳に負債性証券が含まれているが，関連する減損の開示がないため）。

| 日本基準との違い | ……………………………………………………………………

　金融資産の減損については，日本基準では，IFRSの金融商品に関する旧基準書であるIAS第39号と同じ発生損失の考え方で貸倒引当金を計上しています。したがって，「予想損失モデル」より後の期間に信用損失が計上される傾向にあります。日本基準では，減損の兆候の例として，時価の下落の割合などが示されています。日本基準では貸倒引当金の増減表の開示は求められません。また，信用リスクに関するアプローチが違い，信用減損金融資産の概念もありません。

………………………………………………………………………………………

11 引当金──非流動の引当金は割引により日本基準よりも計上金額が少なくなる

⑾ 引当金

> 著者注：引当金の認識の条件についての説明
>
> 　当社および連結子会社は，過去の事象の結果として現在の法的または推定的債務を負っており，当該債務を決済するために経済的便益を有する資源の流出が生じる可能性が高く，その債務の金額について信頼性をもって見積ることができる場合に，引当金を認識しています。
>
> 著者注：引当金の測定についての説明
>
> 　引当金は，報告期間の期末日における現在の債務を決済するために要する最善の見積りで測定しています。なお，貨幣の時間的価値が重要な場合には，債務の決済に必要と見込まれる支出の現在価値で引当金を測定しています。現在価値の算定に当たっては，貨幣の時間的価値および当該債務に特有のリスクを反映した税引前の利率を割引率として使用しています。

ポイント

☑ 　IFRSでは上記の開示に示されているように，「過去の事象の結果として現在の法的または推定的債務を負っていること」，「債務を決済するために経済的便益を有する資源の流出が生じる可能性が高いこと」，「その債務の金額について信頼性をもって見積ることができること」の３つを条件としていますが，極めてまれな場合以外は，「債務の金額について信頼性をもって見積ることができること」の条件は満たされることを前提にしており（IAS37.25），他の２つの条件が検討されます。

日本基準との違い

　日本基準でもIFRSと同様の条件が設定されていますが，「債務の金額について信頼性をもって見積ることができること」の条件が満たされることを前提にする規定は

ありません。また，日本基準には，非流動の引当金を割り引く考え方はありません。したがって，非流動の引当金については，日本基準よりIFRSのほうが計上金額が少なくなることになりますが，利率が低い現状では，重要な差異にはならないと思われます。

■注記17　引当金

著者注：引当金の増減表についての説明

当連結会計年度における引当金の内訳および増減は，以下のとおりです。

（単位：百万円）

	製品保証引当金(注)	その他	合計
2019年4月1日残高	458,482	111,026	569,508
繰入額	212,275	72,075	284,350
取崩額	△250,522	△22,497	△273,019
戻入額	△26,843	△9,157	△36,000
在外営業活動体の為替換算差額	△12,703	△6,522	△19,225
2020年3月31日残高	380,689	144,925	525,614

《著者注：増減表（当期のみ）（IAS37.84）》

著者注：流動と非流動の引当金の金額についての説明

前連結会計年度末および当連結会計年度末における引当金の流動負債，非流動負債の残高は，以下のとおりです。

（単位：百万円）

	前連結会計年度末 （2019年3月31日）	当連結会計年度末 （2020年3月31日）
流動負債	348,763	287,175
非流動負債	220,745	238,439
合計	569,508	525,614

148

> (注)　当社および連結子会社は，将来の製品保証に関連する費用に対して製品保証引当
> 金を認識しています。製品保証に関連する費用には，(i)保証書に基づく無償の補修
> 費用，(ii)主務官庁への届出等に基づく無償の補修費用が含まれています。(i)保証書
> に基づく無償の補修費用は，製品を販売した時点で認識しており，(ii)主務官庁への
> 届出等に基づく新規の保証項目に関連する費用については，経済的便益を有する資
> 源の流出が生じる可能性が高く，その債務の金額について信頼性をもって見積るこ
> とができる場合に，引当金を認識しています。これらの引当金の金額は，最新の補
> 修費用の情報および過去の補修実績を基礎に将来の見込みを加味して見積っており，
> 顧客および販売店からの請求等に応じて取崩されるものです。
> 《著者注：引当金の内容，取崩しが見込まれる時期（IAS37.85(a)）》

ポイント

☑　注記内では，引当金（流動と非流動）の内訳を示し，製品保証引当金の概要を
説明しています。

☑　引当金は，金額または発生の時期が不確定な債務です。長期の引当金には割引
が要求されます。流動と非流動の引当金があるので，合算の数値が注記17では示
されています。

☑　未払有給休暇については，負債の計上が要求されます。本田の場合には会計方
針で短期従業員給付として示していますが（149ページ参照），残高の開示はなく，
残高に重要性がないと思われます。

☑　開示の「その他の金額」がかなり大きく，もう少し内訳をみてみたい気がします。
増減表の開示は他の増減表の開示と異なり，単年（直近年度）のみ求められます。

日本基準との違い

日本基準では，引当金の増減表の開示は要求されません。また，未払有給休暇の
計上は日本基準では要求されません。

12　従業員給付──日本基準で「期間定額基準」を採用している場合は比較が困難

(12)　従業員給付

① 短期従業員給付

給与，賞与および年次有給休暇などの短期従業員給付については，勤務の対価として支払うと見込まれる金額を，従業員が勤務を提供した時に費用として認識しています。

② 退職後給付

当社および連結子会社は，確定給付制度および確定拠出制度を含む各種退職給付制度を有しています。

（確定給付制度）

確定給付制度については，確定給付制度債務の現在価値から制度資産の公正価値を控除した金額を，負債または資産として認識しています。

確定給付制度債務の現在価値および勤務費用は，予測単位積増方式を用いて制度ごとに算定しています。割引率は，確定給付制度債務と概ね同じ支払期日を有し，かつ，給付の支払見込みと同じ通貨建ての優良社債の報告期間の期末日における市場利回りに基づいて決定しています。確定給付負債（資産）の純額に係る純利息費用は，確定給付負債（資産）の純額に割引率を乗じて算定しています。

制度改定や制度縮小により生じた確定給付制度債務の現在価値の変動として算定される過去勤務費用は，制度の改定や縮小が発生した時に，純損益として認識しています。

確定給付制度債務の現在価値と制度資産の公正価値の再測定に伴う調整額は，発生時にその他の包括利益として認識し，直ちに利益剰余金に振り替えています。

《著者注：保険数理上の差異（再測定）に関する会計方針（IAS19.120A(a)）》

（確定拠出制度）

　確定拠出制度については，確定拠出制度に支払うべき拠出額を，従業員が関連する勤務を提供した時に費用として認識しています。

日本基準との違い ……………………………………………………………

　年金債務の計算について，IFRSは「予測単位積増方式」を採用していますが，日本基準では「予測単位積増方式」と「期間定額基準」の選択適用になっています。

………………………………………………………………………………………

■注記18　従業員給付

(1)　退職後給付

　著者注：年金制度の概要についての説明

　当社および連結子会社は，各種退職給付および年金制度を有しており，ほぼ全ての日本における従業員および一部の海外の従業員を対象としています。当社および日本の連結子会社は，日本の確定給付企業年金法に基づくキャッシュバランスプラン類似制度またはその他の確定給付型年金制度を設けています。また，当社および一部の連結子会社は，退職年金制度に加え退職一時金制度を設けており，これらの制度における給付額は，基本的に従業員の給与水準，勤続年数およびその他の要素に基づいて決定されます。これらの制度に加え，一部の北米の連結子会社は，健康保険や生命保険等の制度を退職後の従業員に提供しています。

　当社が設けている年金制度は，当社より法的に独立したホンダ企業年金基金によって運営されており，基金の理事は，法令，法令に基づき行われる厚生労働大臣または地方厚生局長の処分，規約および代議員会の議決を遵守し，基金のために忠実にその職務を遂行する義務を負っています。当社には，ホンダ企業年金基金に対する掛金の拠出が要求されており，将来にわたってホンダ企業年金基金が定める掛金の拠出義務を負っています。また，掛金は法令が認める範囲で定期的に見直されています。

《著者注：制度に関する情報（IAS19.139)》

①　確定給付制度債務と制度資産

　前連結会計年度および当連結会計年度における当社および一部の連結子会社の確定給付制度債務の現在価値および制度資産の公正価値の変動は，以下のとおりです。

（著者注：前連結会計年度（自2018年4月1日　至2019年3月31日）は省略しました）

（単位：百万円）

	当連結会計年度 （自2019年4月1日 至2020年3月31日）	
	国内制度	海外制度
確定給付制度債務の現在価値		
期首残高	1,366,380	1,086,438
当期勤務費用	36,331	29,063
過去勤務費用	－	△2,254
利息費用	7,581	35,635
従業員拠出	－	1,524
再測定		
人口統計上の仮定の変更	△6,476	△5,990
財務上の仮定の変更	157	70,892
その他	159	14,791
給付額	△47,088	△45,504
在外営業活動体の為替換算差額	－	△40,684
期末残高	1,357,044	1,143,911
制度資産の公正価値		
期首残高	1,244,530	860,858
利息収益	6,967	28,682
利息収益を除く制度資産に係る収益	△42,333	△10,503
事業主拠出	22,168	50,926
従業員拠出	－	1,524
給付額	△43,451	△45,504
在外営業活動体の為替換算差額	－	△37,480
期末残高	1,187,881	848,503
確定給付負債の純額	169,163	295,408

《著者注：確定給付制度の年金債務の増減表（IAS19.140)》
《著者注：確定給付制度の制度資産の増減表（IAS19.120A(e))》

② 制度資産の公正価値

　当社および連結子会社の国内制度および海外制度に係る資産運用方針は，従業員の将来の給付を確保するため許容されるリスクのもとで中長期的に総運用収益の最適化をはかるべく策定されています。制度資産は，資産配分目標に基づいて主に国内外の株式および債券に幅広く分散投資されており，リスクの低減を図っています。資産配分については，長期的なリスク，リターンの予想および各資産の運用実績の相関に基づき，中長期的に維持すべき配分の目標を設定しています。この資産配分目標は，制度資産の運用環境等に重要な変化が生じた場合には，適宜見直しを行っています。

　前連結会計年度末および当連結会計年度末における国内制度および海外制度の制度資産の公正価値の内訳は，以下のとおりです。
（著者注：前連結会計年度末（2019年3月31日）は省略しました）

当連結会計年度末（2020年3月31日）

（単位：百万円）

	国内制度			海外制度		
	活発な市場における公表市場価格		合計	活発な市場における公表市場価格		合計
	有	無		有	無	
現金及び現金同等物	7,033	−	7,033	25,202	−	25,202
株式						
日本	29,153	−	29,153	8,673	−	8,673
米国	188,020	−	188,020	60,026	−	60,026
その他	196,401	72	196,473	66,798	−	66,798
債券						
日本	75,526	−	75,526	−	389	389
米国	4,495	156,356	160,851	−	123,331	123,331
その他	168,800	55,601	224,401	−	10,129	10,129

団体年金保険						
一般勘定	–	36,991	36,991	–	–	–
特別勘定	–	15,961	15,961	–	–	–
合同運用						
不動産	–	122	122	–	55,802	55,802
未公開株式	–	–	–	–	107,319	107,319
ヘッジファンド	–	117,841	117,841	–	49,198	49,198
年金投資基金信託及びその他の投資信託	4,476	129,594	134,070	8,151	313,289	321,440
その他	314	1,125	1,439	524	19,672	20,196
合計	674,218	513,663	1,187,881	169,374	679,129	848,503

《著者注：制度資産の各主要な分類（IAS19.142）》

③ 数理計算上の仮定

前連結会計年度末および当連結会計年度末における確定給付制度債務の現在価値の算定に用いた重要な数理計算上の仮定は，以下のとおりです。

	前連結会計年度末 （2019年3月31日）		当連結会計年度末 （2020年3月31日）	
	国内制度	海外制度	国内制度	海外制度
割引率	0.6%	2.5〜3.9%	0.6%	2.5〜3.8%
昇給率	1.6%	2.5〜3.0%	1.6%	2.0〜2.8%

《著者注：保険数理上の仮定（IAS19.144）》

④ 感応度分析

前連結会計年度末および当連結会計年度末における割引率が±0.5%変動した場合の確定給付制度債務に与える影響は，以下のとおりです。

（単位：百万円）

	前連結会計年度末 （2019年3月31日）		当連結会計年度末 （2020年3月31日）	
	国内制度	海外制度	国内制度	海外制度
0.5%減少	114,468（増加）	102,878（増加）	110,540（増加）	103,305（増加）
0.5%増加	101,281（減少）	90,659（減少）	97,949（減少）	91,314（減少）

感応度分析は，前連結会計年度末および当連結会計年度末において，当

154

社が合理的に考えうる数理計算上の仮定の変化による確定給付制度債務の変動を示したものです。これらの分析は，あくまで試算ベースであり，実際の結果はこれらの分析と異なる可能性があります。また，昇給率については変動を見込んでいません。

《著者注：感応度分析（IAS19.145)》

⑤　キャッシュ・フロー

当社および一部の連結子会社の制度資産への拠出額は，従業員の給与水準や勤続年数，制度資産の積立状態，数理計算等様々な要因により決定されます。また，確定給付企業年金法の規定により，ホンダ企業年金基金では，将来にわたって財政の均衡を保つことができるよう，5年毎に報告期間の期末日を基準日として掛金の額の再計算を行っています。当社および一部の連結子会社は，積立金の額が最低積立基準額を下回る場合には，必要な額の掛金を拠出する場合があります。

当社および一部の連結子会社は，次連結会計年度において国内制度に拠出する金額を21,841百万円，海外制度に拠出する金額を20,333百万円と見積っています。

《著者注：次年度の掛金の最善の見積額（IAS19.147⒢)》

前連結会計年度末および当連結会計年度末における確定給付制度債務の加重平均デュレーションは，以下のとおりです。

	前連結会計年度末（2019年3月31日）		当連結会計年度末（2020年3月31日）	
	国内制度	海外制度	国内制度	海外制度
確定給付制度債務の加重平均デュレーション	16年	17年	15年	16年

(2)　人件費

前連結会計年度および当連結会計年度における連結損益計算書に含まれる人件費は，以下のとおりです。

（単位：百万円）

	前連結会計年度 （自2018年4月1日 至2019年3月31日）	当連結会計年度 （自2019年4月1日 至2020年3月31日）
人件費	1,634,785	1,605,553

人件費には，給与，賞与，法定福利費および退職後給付に係る費用など
を含めています。

《著者注：人件費（費用機能法を採用しているため）（IAS1.104）》

ポイント

☑ 注記18は，年金についての制度債務と制度資産の増減表，感応度分析をはじめ多くの情報を示しています。

☑ IFRSでは，確定拠出年金の会計は，年金資産は年金負債の支払いにのみ使用されるということから，年金資産と年金負債の純額が財政状態計算書に計上されるという，珍しい会計になっています。

☑ 確定拠出年金の金利が高かった時代の一番の関心は，年金債務の計算に使用する割引率でした。1％違うだけで，金額に大きな違いが出るからです。本田の感応度分析では，0.5％の変動で国内と海外合計で約2,000億円の影響が出ます。

しかし，低金利時代の現在では，関心事は制度資産の運用に向けられています。本田の場合には，活発な市場での公表市場価格のない資産への運用がかなりの割合を占めています。2020年3月期の制度資産の運用は，国内制度はマイナス3.5％（運用実績（△42,333百万円）÷制度資産の期首残高（1,244,530百万円）），海外制度はマイナス1.2％（運用実績（△10,503百万円）÷制度資産の期首残高（860,858百万円））であり，芳しいとはいえません。

☑ 上記の開示の「再測定」は，通常使用される「数理計算上の差異」に相当します。確定給付制度債務の加重平均デュレーションは，従業員の平均残余勤務年数を示していると思われます。

☑ 確定拠出型退職給付制度の費用計上額の開示要求（IAS19.53）については開示がないので，金額に重要性がないと思われます。

日本基準との違い

IFRSでは「予測単位積増方式」のみ認められますが，日本基準では「予測単位積増方式」と「期間定額基準」の双方が認められます。日本基準で「期間定額基準」を採用している場合には，IFRSとの比較は困難になります。日本基準では数理計算

上の差異について，償却によるリサイクリングを認めていますが，IFRSはリサイクリングを認めていないため（165ページ参照），日本基準の数理計算上の差異の償却額だけ利益が少なくなります。

　日本基準では，感応度分析は要求されず，次年度の掛金の最善の見積額の開示要求もありません。制度資産について，日本基準で使用される「期待運用収益率」がIFRSでは使用されず，「割引率」を使用して「再測定」の金額が計算されます。通常，「期待運用収益率」は「割引率」より高いため，「再測定」の金額は日本基準の数理計算上の差異の金額と異なります。

　IFRSでは有給休暇の未払計上が要求され，通常，引当金として計上されますが，日本基準ではそのような要求はありません。また，日本基準では一般管理費として人件費が開示されることはありますが，総人件費の開示は要求されません。なお，損益計算書を「費用機能法（8ページ参照）」で表示している場合に，償却費（190ページで開示）と人件費の開示が要求されます。

....

13 ┃ 資本──自己株式を売買すると資本金の金額が変動する

⒀　資　本

　① 普通株式

　　当社が発行した普通株式は資本として分類し，発行価額を資本金および資本剰余金に含めています。

　② 自己株式

　　当社および連結子会社が取得した自己株式は，取得原価で認識し，資本の控除項目としています。自己株式を売却した場合は，受取対価を資本の増加として認識し，帳簿価額と受取対価の差額は資本剰余金に含めています。

日本基準との違い··

　日本基準では，自己株式の売買の処理はIFRSと異なり，資本金の金額は変動しません。

···

■注記19　資本

　(1)　資本の管理

　　当社および連結子会社は，グローバル規模での成長を通じた企業価値向上のために，設備投資および研究開発投資等を行っています。これらの資金需要に対応するために，資金調達に係る債務および資本の適切なバランスを考慮した資本管理を行っています。

《著者注：資本管理のための目的，方針，手続についての定性的情報（IAS1.134&135)》

　　前連結会計年度末および当連結会計年度末における資金調達に係る債務

および資本の残高は，以下のとおりです。

（単位：百万円）

	前連結会計年度末 （2019年3月31日）	当連結会計年度末 （2020年3月31日）
資金調達に係る債務	7,331,120	7,469,686
資本	8,565,790	8,286,023

⑵　資本金

　前連結会計年度および当連結会計年度における当社の発行可能株式総数および発行済株式総数は，以下のとおりです。

（単位：株）

	前連結会計年度 （自2018年4月1日 至2019年3月31日）	当連結会計年度 （自2019年4月1日 至2020年3月31日）
発行可能株式総数		
期末残高		
普通株式（無額面株式）	7,086,000,000	7,086,000,000
発行済株式総数		
期首残高	1,811,428,430	1,811,428,430
期中増減	−	−
期末残高	1,811,428,430	1,811,428,430

　前連結会計年度末および当連結会計年度末における発行済株式は，すべて払込済です。

《著者注：授権株式数（IAS1.79(a)①)》
《著者注：発行済株式数（numbers of shares issued）（IAS1.79(a)②)》
《著者注：流通株式数（shares outstanding）の増減表（IAS1.79(a)④)》

⑶　資本剰余金および利益剰余金

　著者注：会社法の資本に関する取扱いについての説明

　資本剰余金は，資本取引から生じた金額のうち資本金に含まれない金額で構成され，主な内訳は資本準備金です。日本の会社法は，株式の発行に対する払込みまたは給付に係る金額の2分の1以上を資本金に組み入れ，残りを資本準備金に組み入れることを規定しています。資本準備金は，株

主総会の決議により，資本金に組み入れることができます。

　利益剰余金は，利益準備金とその他の剰余金により構成されます。日本の会社法は，利益剰余金を原資とする配当を行う日において，配当額の10分の1を，資本準備金および利益準備金の合計が資本金の4分の1に達するまで，資本準備金または利益準備金として積み立てることを規定しています。利益準備金は，株主総会の決議により，取り崩すことができます。なお，一部の海外の連結子会社についても，各国の法律に基づき，同様の利益準備金を積み立てることが定められています。

⑷　自己株式

　著者注：期末の自己株式数についての説明

　前連結会計年度末および当連結会計年度末における当社および連結子会社が保有する当社株式の総数は，以下のとおりです。

（単位：株）

	前連結会計年度末 （2019年3月31日）	当連結会計年度末 （2020年3月31日）
普通株式	51,867,045	84,818,644

《著者注：自己株式（IAS1.79(a)⑥)》

　著者注：会社法での自己株式についての説明

　日本の会社法では，株主総会の決議により分配可能額の範囲内で，取得する株式の数，取得価額の総額などを決定し，自己株式を取得することができます。また，市場取引または公開買付による場合には，定款の定めにより会社法上定められた条件の範囲内で，取締役会の決議により自己株式を取得することができます。

⑸　その他の資本の構成要素

　著者注：資本の構成要素の増減表についての説明

　前連結会計年度および当連結会計年度におけるその他の資本の構成要素の内訳ごとの増減は，以下のとおりです。

（著者注：前連結会計年度（2018年4月1日〜2019年3月31日）の増減表は省略しました）

（単位：百万円）

	確定給付制度の再測定	その他の包括利益を通じて公正価値で測定する金融資産の公正価値の純変動	在外営業活動体の為替換算差額	合計
2019年3月31日残高	–	49,228	165,155	214,383
期中増減	△102,230	△24,559	△304,670	△431,459
利益剰余金への振替	102,230	207	–	102,437
2020年3月31日残高	–	24,876	△139,515	△114,639

《著者注：数理計算上の差異（再測定）のその他の包括利益として認識した累積額（IAS19.120A(i)）》

《著者注：換算差額の増減表（IAS21.52(b)）》

⑹　その他の包括利益

　前連結会計年度および当連結会計年度におけるその他の包括利益の内訳と対応する税効果額（非支配持分を含む）は，以下のとおりです。

（単位：百万円）

	前連結会計年度（自2018年4月1日 至2019年3月31日）			当連結会計年度（自2019年4月1日 至2020年3月31日）		
	税効果考慮前	税効果額	税効果考慮後	税効果考慮前	税効果額	税効果考慮後
純損益に振り替えられることのない項目						
確定給付制度の再測定						
当期発生額	△25,538	1,793	△23,745	△132,188	29,205	△102,983
純変動額	△25,538	1,793	△23,745	△132,188	29,205	△102,983
その他の包括利益を通じて公正価値で測定する金融資産の公正価値の純変動						

当期発生額	△34,898	10,852	△24,046	△33,565	10,204	△23,361
純変動額	△34,898	10,852	△24,046	△33,565	10,204	△23,361
持分法適用会社のその他の包括利益に対する持分						
当期発生額	△3,029	192	△2,837	△1,735	185	△1,550
純変動額	△3,029	192	△2,837	△1,735	185	△1,550
純損益に振り替えられる可能性のある項目						
その他の包括利益を通じて公正価値で測定する金融資産の公正価値の純変動						
当期発生額	378	△55	323	356	△47	309
純損益への振替額	△88	△7	△95	△31	1	△30
純変動額	290	△62	228	325	△46	279
在外営業活動体の為替換算差額						
当期発生額	97,122	△443	96,679	△292,590	△176	△292,766
純損益への振替額	△1,554	443	△1,111	△611	176	△435
純変動額	95,568	–	95,568	△293,201	–	△293,201
持分法適用会社のその他の包括利益に対する持分						
当期発生額	△19,793	946	△18,847	△31,054	661	△30,393
純損益への振替額	–	–	–	–	–	–
純変動額	△19,793	946	△18,847	△31,054	661	△30,393
その他の包括利益合計	12,600	13,721	26,321	△491,418	40,209	△451,209

《著者注：各その他の包括利益の項目の税効果の金額（IAS1.90）》

《著者注：その他の包括利益に関する組替調整（IAS1.92）》

162

《著者注：直接資本の部で認識された項目に関する当期税金費用および繰延税金費用の合計（IAS12.81⒜)》
《著者注：各その他の包括利益の項目に関連する税効果の金額（IAS12.81⒝)》
《著者注：「純損益に振り替えられることのない項目」と「純損益に振り替えられる可能性がある項目」の区分（IAS1.82A)》
《著者注：持分法適用会社のその他の包括利益の持分額（IAS1.82A)》

　前連結会計年度および当連結会計年度における非支配持分に含まれるその他の包括利益の内訳は，以下のとおりです。

（単位：百万円）

	前連結会計年度 （自2018年4月1日 至2019年3月31日）	当連結会計年度 （自2019年4月1日 至2020年3月31日）
純損益に振り替えられることのない項目		
確定給付制度の再測定	△338	△753
その他の包括利益を通じて公正価値で測定する金融資産の公正価値の純変動	17	△73
純損益に振り替えられる可能性のある項目		
在外営業活動体の為替換算差額	△651	△18,924
合計	△972	△19,750

⑺　剰余金の配当

著者注：分配可能利益についての説明

　当社は，剰余金の配当について，日本の会社法の規定に基づいて算定される分配可能額の範囲内で行っています。分配可能額は，日本において一般に公正妥当と認められた会計原則に準拠して作成された当社の会計帳簿における利益剰余金の金額に基づいて算定されます。

（著者注：以下省略）

ポイント ···

☑　注記19は，資本に関する多岐にわたる情報（資本の管理，株式数，会社法での資本の取扱い，自己株式数，その他の資本の構成要素（その他の包括利益累計額）の増減表，その他の包括利益の内訳，配当）を示しています。

☑　資本の部の注記なので，「その他の包括利益」に関する注記も含まれています。

☑　資本，利益剰余金，自己株式，分配可能利益について，会社法に関する記述がなされています。上記の注記の(6)のその他の包括利益の表の「持分法適用会社のその他の包括利益に対する持分」が「純損益に振り替えられることのない項目」と「純損益に振り替えられる可能性のある項目」の双方に示されていますが，持分法適用会社のその他の包括利益に計上される項目の内容として双方があるためです。

☑　筆者が行った「その他の包括利益」に関する数値の調整（2020年3月31日終了年度，2020年3月31日現在）は，以下のとおりです。

当期のその他の包括利益

（単位：百万円）

項目	金額	開示場所
その他の包括利益合計	△451,209	上記注記の(6)，包括利益計算書
非支配持分－合計	19,750	上記注記の(6)
期中増減	△431,459	上記注記の(5)

　注記の(5)の「確定給付制度の再測定」と「FVTOCIの金融資産の公正価値の変動」の期中増減は，(6)で「持分法適用会社のその他の包括利益に対する持分」が示されているため，調整することができません。ただし，(5)の期中増減の合計額（△451,209百万円）は上記のように調整できます。「持分法適用会社のその他の包括利益に対する持分」は，(5)のこれらの項目から持分法適用会社に関連する金額を抜き出しています。

持分法適用会社のその他の包括利益に対する持分

（単位：百万円）

項目	金額	開示場所
振替えなし－発生額（税効果考慮後）	△1,550	上記注記の(6)
振替えの可能性あり－発生額（税効果考慮後）	△30,393	上記注記の(6)
持分法で会計処理されている投資－その他の包括利益	△31,943	注記10　持分法で会計処理されている投資（68ページ参照）

164

非支配持分に帰属するその他の包括利益

（単位：百万円）

項目	金額	開示場所
非支配持分に含まれるその他の包括利益の内訳の合計	△19,750	上記注記の(6)
非支配持分に帰属する当期利益	54,186	連結損益計算書（44ページ）
非支配持分に帰属する包括利益	34,436	連結包括利益計算書（45ページ）

確定給付制度の再測定

（単位：百万円）

項目	金額	開示場所
親会社分確定給付の再測定の発生額（税効果考慮後）	△102,983	上記注記(6)，包括利益計算書
非支配持分－確定給付制度の再測定	753	上記注記(6)
合計増減表（期中増減）－期中増減	△102,230	上記注記(5)

日本基準との違い ··

　日本基準では，資本の管理の開示は要求されません。以下に示したように，IFRSでリサイクリングを禁止している項目に関しては違いが生じます（具体的には，FVTOCI（株式），年金の再測定（数理計算上の差異））。

··

会計処理のまとめ **その他の包括利益**

　包括利益の概念は，まず米国基準が導入し，その後，IFRSも導入しました。包括利益の基礎は，損益は発生したときに認識するという「発生主義」の徹底にあります。「当期利益」に「その他の包括利益」を足すと「包括利益」になります。

　公正価値で評価する売却可能証券などの資産と負債に関する未実現損益について，米国基準では，包括利益の導入前には，発生時に資本の部で認識し，実現したときに損益に振り替えるというリサイクリングをすることとされていました。

　包括利益の概念の導入により，それらの未実現利益は発生時には「その他の包括利益」として認識することとされましたが，リサイクリングは継続して認められました。

　1998年頃から始まった「会計ビッグバン（日本基準が国際的な会計基準（その当時は米国基準）に追いつくように基準書の新設・改訂を行った改革）」では，米国基準を基礎にしたために日本基準もリサイクリングを認めています。しかし，IFRSは，発生時には「その他の包括利益」として，実現時には「当期利益」として，リサイクリングにより損益が二度計上されるのはおかしい（同額のその他の包括利益がマイナス（またはプラス）で計上され，包括利益はゼロになるとしても）として，原則として，リサイクリングを認めませんでした。そのため，リサイクリングを認めている米国基準・日本基準とIFRSの間には差異が生じています。

　発生時に「その他の包括利益」として認識した「その他の包括利益累計額」について，「未実現損益が実現したときに，損益に振り替えられる（当期利益に含まれる）かどうか（リサイクリングできるかどうか）」と「振替えの時期」について，IFRSでは，図表3－7のように規定しています。

図表3－7　リサイクリングの対象項目とリサイクリングの時期

項　　目	リサイクリング
為替換算差額（IAS第21号「外国為替レート変動の影響」）	海外事業の処分時
キャッシュ・フロー・ヘッジに用いられるデリバティブ損益（214ページ参照）	ヘッジ対象の予定取引から損益が生じた時
FVTOCI（債券）（IFRS第9号）	関連証券の売却時，減損時
FVTOCI（株式）を選択した株式（IFRS第9号）	禁止 (注1)（80ページ参照）
公正価値オプションを適用した金融負債の信用リスク部分（IFRS第9号）	禁止 (注1)
確定給付負債（資産）の純額の再測定（IAS第19号「従業員給付」）	禁止 (注1)（149ページ参照）

（注1）　資本の部の他の勘定への組替えはできる。

14	収益認識──「顧客との契約の獲得のためのコスト」で日本基準と差異が生じる

⑭ 収益認識

---

① 製品の販売

著者注：製品販売の区分（セグメント）についての説明

　製品の販売は，二輪事業，四輪事業，ライフクリエーション事業及びその他の事業に区分されます。各事業におけるより詳細な情報については，連結財務諸表注記の「4　セグメント情報」を参照ください。

著者注：収益認識の時点，収益の金額についての説明

　当社および連結子会社は，製品に対する支配が顧客に移転した時点で収益を認識しています。この移転は，通常，顧客に製品を引渡した時点で行われます。収益は，顧客との契約で明確にされている対価に基づき測定し，第三者のために回収する金額を除いています。契約の対価の総額は，すべての製品およびサービスにそれらの独立販売価格に基づき配分され，独立販売価格は，類似する製品またはサービスの販売価格やその他の合理的に利用可能な情報を参照して算定しています。
《著者注：履行義務を充足する時点（IFRS15.119)

著者注：奨励金，販売奨励プログラムと変動対価の取扱いについての説明

　当社および連結子会社は，販売店に対して奨励金を支給していますが，これは一般的に当社および連結子会社から販売店への値引きに該当します。また，当社および連結子会社は，販売店の販売活動をサポートするため，顧客に対して主として市場金利以下の利率によるローンやリースを提示する形式の販売奨励プログラムを提供しています。このプログラムの提供に要する金額は，顧客に提示した利率と市場金利の差に基づいて算定しています。これらの奨励金は，取引価格の算定における変動対価として考慮さ

れることとなり，製品が販売店に売却された時点で認識する売上収益の金額から控除しています。売上収益は，変動対価に関する不確実性がその後に解消される際に重大な戻入れが生じない可能性が非常に高い範囲でのみ認識しています。

著者注：対価の支払，製品保証についての説明

　製品の販売に係る対価の支払は，通常，製品に対する支配が顧客に移転してから30日以内に行われます。

　なお，製品の販売における顧客との契約には製品が合意された仕様に従っていることを保証する条項が含まれており，当社および連結子会社は，この保証に関連する費用に対して製品保証引当金を認識しています。当該引当金に関するより詳細な情報については，連結財務諸表注記の「17　引当金」を参照ください。

② 　金融サービスの提供

著者注：金融サービスの利息収益の認識，初期手数料等についての説明

　金融サービスに係る債権の利息収益は，実効金利法によって認識しています。金融サービスに係る債権の初期手数料および初期直接費用は，実効金利の計算に含めて，金融債権の契約期間にわたって認識しています。

著者注：リースに関する収益についての説明

　当社の金融子会社が提供する金融サービスにはリースが含まれています。ファイナンス・リースに係る受取債権の利息収益は，実効金利法によって認識しています。なお，当社および連結子会社が，製造業者または販売業者としての貸手となる場合，製品の販売とみなされる部分について，売上収益と対応する原価を製品の販売と同様の会計方針に従って認識しています。オペレーティング・リースから生じる収益は，リース期間にわたり定額法によって認識しています。

168

ポイント ···

☑　日本の収益認識基準は2021年4月1日以降開始事業年度からの適用となっており，IFRSの収益認識基準との大きな違いはありません。日本の収益認識基準の適用にあたり，上記の開示は参考になります。

···

■注記20　売上収益

(1)　収益の分解

　当社の事業セグメントは，連結財務諸表注記の「4　セグメント情報」に記載のとおり，二輪事業・四輪事業・金融サービス事業・ライフクリエーション事業及びその他の事業の4つに区分されています。

　前連結会計年度および当連結会計年度における仕向地別（外部顧客の所在地別）に分解された売上収益および分解された売上収益と各事業セグメントの売上収益の関係は，以下のとおりです。

（著者注：前連結会計年度（自2018年4月1日　至2019年3月31日）は省略しました）

当連結会計年度（自2019年4月1日　至2020年3月31日）

（単位：百万円）

	二輪事業	四輪事業	金融サービス事業	ライフクリエーション事業及びその他の事業	合計
顧客との契約から認識した収益					
日本	77,241	1,473,552	130,775	76,114	1,757,682
北米	203,822	5,648,818	1,108,827	133,070	7,094,537
欧州	144,392	359,166	–	53,233	556,791
アジア	1,329,352	2,048,588	11	46,433	3,424,384
その他の地域	295,093	425,900	–	16,200	737,193
合計	2,049,900	9,956,024	1,239,613	325,050	13,570,587

その他の源泉から 認識した収益（注） 9,435	3,056	1,347,352	579	1,360,422
合計 2,059,335	9,959,080	2,586,965	325,629	14,931,009

（注）　その他の源泉から認識した収益には，IFRS第16号に基づくリース収益および
　　　IFRS第9号に基づく利息収入等が含まれています。
《著者注：収益の主要な区分への分解（IFRS15.114)》

(2)　契約残高
　前連結会計年度末および当連結会計年度末における顧客との契約から生じた債権および契約負債は，以下のとおりです。

（単位：百万円）

	前連結会計年度末 （2019年3月31日）	当連結会計年度末 （2020年3月31日）
顧客との契約から生じた債権：		
営業債権	707,337	516,705
契約負債：		
その他の流動負債	214,888	221,959
その他の非流動負債	165,722	167,076

　前連結会計年度および当連結会計年度に認識した収益のうち，期首時点の契約負債残高に含まれていたものはそれぞれ212,303百万円，186,581百万円です。なお，前連結会計年度および当連結会計年度において，過去の期間に充足（または部分的に充足）した履行義務から認識した収益の金額に重要性はありません。また，当社および連結子会社における契約資産の残高に重要性はありません。
《著者注：契約から生じた契約資産（営業債権）と契約負債の残高，期首の契約負債の残高に含まれていた報告期間の収益認識額（IFRS15.116)》

(3)　残存履行義務に配分した取引価格
　前連結会計年度末および当連結会計年度末における未充足（または部分的に未充足）の履行義務に配分した取引価格の総額および収益の認識が見込まれる期間別の内訳は，以下のとおりです。

（単位：百万円）

	前連結会計年度末 （2019年3月31日）	当連結会計年度末 （2020年3月31日）
1年以内	103,734	106,745
1年超5年以内	185,456	201,925
5年超	12,791	1,860
合計	301,981	310,530

　上記の表には，当初の予想期間が1年以内の残存履行義務に関する情報および収益認識が制限されている変動対価の金額の見積りは含めていません。

《著者注：残りの履行義務に配分される取引価格の金額と認識時期（IFRS15.120)》

⑷　顧客との契約の獲得または履行のためのコストから認識した資産

　前連結会計年度末および当連結会計年度末における顧客との契約の獲得のためのコストから認識した資産は，以下のとおりです。

（単位：百万円）

	前連結会計年度末 （2019年3月31日）	当連結会計年度末 （2020年3月31日）
顧客との契約の獲得のためのコストから認識した資産	105,471	100,751

　当社および連結子会社は，顧客との契約を獲得するための増分コストおよび契約に直接関連する履行コストのうち，回収可能であると見込まれる部分を資産として認識しています。顧客との契約獲得のための増分コストとは，顧客との契約を獲得するために発生したコストで，当該契約を獲得しなければ発生しなかったであろうものです。契約の獲得のためのコストから認識した資産については，連結財政状態計算書上は主にその他の非流動資産に計上し，契約に基づくサービスが提供される期間にわたって償却しています。なお，契約の履行のために発生したコストから認識した資産の額に重要性はありません。

　前連結会計年度および当連結会計年度における当該資産の償却額はそれぞれ35,057百万円，35,324百万円です。

《著者注：顧客との契約の獲得または履行のために発生したコストから認識した
資産の期末の残高（IFRS15.128）》

ポイント ···

☑　注記20は，収益について，収益の分解，契約資産・負債，将来の収益，契約コ
ストを示しています。
☑　収益の分解では，製品・サービスセグメントと地域セグメントのマトリクスで，
開示しており，大変ユニークです。また，契約負債についての開示は行っていま
すが，重要な契約資産の残高はないと開示しています。

···

日本基準との違い ···

　日本基準では，顧客との契約の獲得のためのコストの資産化の規定はありません。
資産化された金額とその償却額について，日本基準とIFRSとの差異が生じます。

···

会計処理のまとめ　収益認識基準

　　IFRS第15号「顧客との契約から生じる収益」の概要は以下のとおりです。日
本の収益認識基準もIFRS第15号とほぼ同じ内容です。まず，基本となる用語で
ある履行義務（performance obligation）とは，顧客に財またはサービスを移
転するための契約での約束です。収益を認識するまでのステップは以下のとお
りです。

ステップ	内　　容
ステップ1	顧客との契約の識別
ステップ2	契約における履行義務の識別（複数要素（履行義務）の識別）
ステップ3	取引価格の算定
ステップ4	取引価格の履行義務への配分（履行義務が2つ以上の場合）
ステップ5	履行義務の充足時（または充足につれて）の認識（収益認識時期の決定）

　以下では各ステップについて簡単に説明します。

(a)　ステップ1
　　IFRS第15号が適用される「顧客との契約」となるためには，いくつかの要件
を満たす必要があり，その中でも回収の可能性が高いという要件は重要です。

(b) ステップ2

　以下のステップ5では企業が履行義務を充足したときに（または充足するにつれて）収益を認識することを要求しており，財またはサービスが区分できるかどうか（区分できる履行義務かどうか）は重要であり，その判断は契約開始時に行われます。いくつかの条件を満たした場合には区分できることになります。区分できない（区分できる履行義務がない）場合には，単一の履行義務になります。

(c) ステップ3

　取引価格を構成する要素は固定価格，変動対価，現金以外の対価，顧客に支払われる対価で構成されます。取引価格は毎期末に見直され，取引価格の変動は収益認識額の変動につながります。取引価格の変動は，履行義務に配分しますが，充足した履行義務への変動による配分額は，変動のあった年度で認識し，過去に遡及することはありません。

(d) ステップ4

　ステップ3で算定された取引価格は，履行義務に配分されます（単一の履行義務の場合には配分は必要ありません）。配分は，それぞれの財またはサービスの「独立販売価格」を基礎に行われます。「独立販売価格」が観察可能でない場合には，「独立販売価格」を適切な見積方法により算定します。見積りの方法は，調整後市場価値アプローチ，見積コストにマージンを加算するアプローチ，残余アプローチ（使用には条件がある）などです。

　ただし，値引き（原則は独立販売価格に比例して配分），変動対価については配分に注意が必要です。

(e) ステップ5

　履行義務は特定の履行義務に関連する資産（財またはサービス）の「支配」を顧客に移転したときに履行されます。つまり，「資産の支配」の概念が重要で，IFRS第15号は「資産の支配」を「資産の使用を指図し，資産からの残りの便益のほとんどすべてを獲得する能力」と定義しています。

　また，履行義務が一定の期間にわたり充足されるのか，または一時点で充足されるのかの決定が必要となります。条件を満たした場合には，「一定の期間にわたり充足される履行義務」とされます。条件を満たさなかった場合には，「一時点で充足される履行義務」になります。「一定の期間にわたり充足される履行義務」の場合には，進捗度を測定することにより，収益を一定の期間にわたり認識します。

　進捗度の測定の適切な方法として，「アウトプット法」と「インプット法」が

あります。合理的に進捗度を測定できない場合には，履行義務を完全に充足するまで，収益の認識はできません。ただし，発生したコストの回収を見込んでいる場合には，「原価回収基準」を使用します。

　IFRS第15号での表示と開示には**「契約資産」**と**「契約負債」**という用語が出てきます。
　「契約資産」は，「顧客に移転した財またはサービスと交換に，企業が受け取る対価に対する権利」と定義され，「契約負債」は，「顧客に財またはサービスを移転する義務であり，顧客からすでに対価を受け取っている（または対価の金額の期限が到来している）もの」と定義されます。
　顧客が対価を支払う前にまたは支払期限の前に，企業が財またはサービスの顧客への移転により履行する場合には，企業は，当該契約を，受取債権として表示される金額を除いて，契約資産として表示します。
　企業が財またはサービスの移転により約束を履行する前に，顧客が対価を支払う場合または企業が無条件な対価の金額の権利を有する場合には，企業は，支払日と支払期限のいずれか早い日に契約を契約負債として表示します（IFRS15.106）。
　IFRS第15号は，「契約資産」および「契約負債」という用語を使用していますが，それらの項目に代替的名称を使用することができます。その場合には，企業は，対価に対する無条件の権利（すなわち受取債権）と対価に対する条件付の権利（すなわち契約資産）とを財務諸表利用者が区別するのに十分な情報を提供しなければなりません（IFRS15.109）。
　また，契約での残余の権利と履行義務は純額で，契約資産または契約負債として計上します（IFRS15.BC317）。したがって，履行義務と契約上の権利（対価受領権）の差額が契約資産または契約負債となります。理解のために，設例を使用して説明します。

設例1

- 製品を販売する契約を締結した。
- 販売金額は100，原価は80

1．契約締結時

（借方）　　　　　　　　　　　　　（貸方）

| 対価受領権 | ~~100~~ | 履行義務 | ~~100~~ |

　契約での権利と履行義務は純額表示のため，最終的な仕訳はなし。

2．販売時

（借方）		（貸方）	
履行義務	~~100~~	売上	100
売掛金（営業債権）	100	対価受領権	~~100~~
売上原価	80	棚卸資産	80

設例2

- 製品を販売する契約を締結した。
- 前受金30を顧客から受領した。
- 販売金額は100，原価は80である。

1．契約締結時

（借方）		（貸方）	
対価受領権	~~100~~	履行義務	~~100~~

契約での権利と履行義務は純額表示のため，仕訳はなし。

2．前受金受領

（借方）		（貸方）	
現金	30	対価受領権	30

履行義務（100）と対価受領権（70）の純額30は契約負債であるため，最終的な仕訳は以下となる

（借方）		（貸方）	
現金	30	契約負債（前受金）	30

3．販売時

（借方）		（貸方）	
履行義務	~~100~~	売上	100
売掛金（営業債権）	70	対価受領権	~~100~~
契約負債（前受金）	30		
売上原価	80	棚卸資産	80

契約資産（対価に対する<u>条件付の権利</u>）と売上債権（対価に対する<u>無条件の権利</u>）の区別。

設例3

- 製品Ａ（販売価格60，原価50）と製品Ｂ（販売価格40，原価30）を販売する契約を締結した。
- 契約では，製品Ａと製品Ｂの双方を引き渡した後に顧客に対価を請求することになっている。

1．契約締結時

　仕訳なし

2．製品Ａ引渡し時

（借方）　　　　　　　　　　　　　（貸方）

| 契約資産 | 60 | 売上 | 60 |
| 売上原価 | 50 | 棚卸資産 | 50 |

履行義務（40）と対価請求権（100）との差額が契約資産60

3．製品Ｂ引渡し時

（借方）　　　　　　　　　　　　　（貸方）

営業債権	100	売上	40
		契約資産	60
売上原価	30	棚卸資産	30

15 | 法人所得税——重要なのは「税率の調整表」

(15) 法人所得税

著者注：法人所得税費用の構成，認識場所についての説明

　法人所得税費用は，当期税金と繰延税金から構成されています。当期税金と繰延税金は，直接資本またはその他の包括利益で認識される項目を除き，純損益で認識しています。

著者注：当期税金の測定，使用する税率についての説明

　当期税金は，当期の課税所得について納付すべき税額，または税務上の欠損金について還付されると見込まれる税額で測定しています。これらの税額は，報告期間の期末日において制定または実質的に制定されている税率および税法に基づいて算定しています。

著者注：繰延税金資産および負債の認識の基礎（一時差異と繰越欠損金・税額控除）と認識の条件についての説明

　繰延税金資産および負債は，報告期間の期末日における資産および負債の税務基準額と会計上の帳簿価額との差額である一時差異ならびに税務上の繰越欠損金および繰越税額控除に関する将来の税務上の影響に基づいて認識しています。なお，繰延税金資産は，将来減算一時差異，税務上の繰越欠損金および繰越税額控除について，将来それらを利用できる課税所得が稼得される可能性が高い範囲内で認識しています。

著者注：連結グループ会社への投資等の一時差異に関する繰延税金資産・負債の認識についての説明

　連結子会社および関連会社に対する投資ならびに共同支配企業に対する持分に関する将来加算一時差異については，当該一時差異の解消時期をコントロールでき，かつ予測可能な期間内に当該一時差異が解消しない可能性が高い場合は，繰延税金負債を認識していません。また，連結子会社お

および関連会社に対する投資ならびに共同支配企業に対する持分に関する将来減算一時差異については，当該一時差異からの便益を利用するのに十分な課税所得があり，予測可能な将来において実現する可能性が高い範囲でのみ繰延税金資産を認識しています。

著者注：繰延税金資産・負債の測定に使用する税率，意図する回収方法についての説明

繰延税金資産および負債は，報告期間の期末日に制定または実質的に制定されている税率および税法に基づいて，資産が実現する期間または負債が決済される期間に適用されると予測される税率で測定しています。繰延税金資産および負債の測定に当たっては，報告期間の期末日において当社および連結子会社が意図する資産および負債の帳簿価額の回収または決済の方法から生じる税務上の影響を反映しています。

著者注：繰延税金資産の評価性引当金についての説明

繰延税金資産の回収可能性は，各報告期間の期末日において見直し，繰延税金資産の一部または全部の税務便益を実現させるのに十分な課税所得の稼得が見込めないと判断される部分について，繰延税金資産の帳簿価額を減額しています。

著者注：繰延税金資産と繰延税金負債を相殺する条件についての説明

繰延税金資産および繰延税金負債は，当期税金に対する資産と負債を相殺する法律上の強制力のある権利を有しており，法人所得税が同一の税務当局によって同一の納税主体に課されている場合，または異なる納税主体に課されている場合でこれらの納税主体が当期税金に対する資産と負債を純額で決済するか，あるいは資産の実現と負債の決済を同時に行うことを意図している場合に相殺しています。

著者注：不確実性（不確実な税務ポジション）の会計処理についての説明

当社および連結子会社の税務処理を税務当局が認める可能性が高くないと判断した場合に，不確実性の影響を財務諸表に反映しています。

178

ポイント

☑ 米国基準では，税務上のポジションについて税務当局の見解が明確でない財務諸表作成者の税務上の解釈を「不確実な税務ポジション（uncertain tax position）」と呼び，それは未払税金の金額に影響を与えると規定しています。

☑ IFRSでは，2019年1月1日開始年度から，IFRIC第23号「法人所得税の税務処理に関する不確実性」（米国基準とほぼ同じ内容）が適用され，本田は，税務当局が認める可能性を考慮して所得税に関する資産・負債を計上しています。

日本基準との違い

日本基準には「不確実な税務ポジション」の概念はありません。

会計処理のまとめ　税効果会計

税効果会計（繰延税金資産と繰延税金負債の計上）は重要なので，ここでは会計処理を整理しておきましょう。一時差異と繰延税金の関係は図表3－8のとおりです。税務と会計の取扱いの違いが一時差異を生じさせます。

図表3－8　一時差異と繰延税金の関係

	帳簿価額－税務基準額	一時差異のタイプ	発生するもの
資産	プラス	将来加算一時差異	繰延税金負債
資産	マイナス	将来減算一時差異	繰延税金資産
負債	プラス	将来減算一時差異	繰延税金資産
負債	マイナス	将来加算一時差異	繰延税金負債

繰延税金資産計上の対象は，将来減算一時差異，税務上の繰越欠損金，税務上の繰越税額控除です。繰延税金資産は，実現するのに十分な将来の課税所得がある可能性が高い（probable）範囲でのみ財政状態計算書に認識され，繰延税金資産が計上されない場合もあります。一方，将来加算一時差異を対象とする繰延税金負債は，必ず計上されます。

一時差異の発生と解消は図表3－9のとおりです。

図表3－9	子会社・関連会社に対する投資，共同事業体に対する持分に関する一時差異

一時差異（繰延税金資産・負債）	発 生	解 消
将来加算一時差異（繰延税金負債）	バーゲン・パーチェス（負ののれん）	株式の売却・清算
	利益の計上	配当の受領・株式の売却
	為替換算調整勘定	株式の売却
将来減算一時差異（繰延税金資産）	のれん	該当なし認識の例外（認識しない）
	損失の計上	株式の売却・清算・投資の評価減
	為替換算調整勘定	

　また，子会社・関連会社に対する投資，共同事業体に対する持分に関する一時差異の認識については，図表3－10のとおり例外的な取扱いとなります。

図表3－10	税効果の対象の一時差異の認識

差異と対象の繰延税金	原 則	例 外
将来加算一時差異（未分配利益）繰延税金負債	認識する。	以下の双方を満たす場合は認識しない。 •親会社，投資者，および共同事業体に対する持分所有者が，一時差異の解消時期をコントロールできる。 •一時差異が，予見し得る将来の期間（foreseeable future）において解消しない可能性が高い。
将来減算一時差異（未分配損失）繰延税金資産	認識しない。	以下の条件のいずれも満たす可能性が高い場合は認識する。 •一時差異が，予見し得る将来の期間に解消する見込みである。 •一時差異が実現するのに十分な将来の課税所得がある。

　繰延税金資産については，将来減算一時差異の全額ではなく，実現の可能性が高い（50％を超える可能性）部分について繰延税金資産として計上されます。したがって，可能性が高いかどうかはマネジメントが判断することになります。IFRSでは，実現の可能性が高いと判断するためには，将来の十分な課税所得があること等が必要であるとして，その検討にあたり，以下を主な留意点として挙げています。

- 将来減算一時差異に対応可能な繰延税金負債が存在するか。
- 将来期間において十分な課税所得が発生するか
- 税務上で益金の計上が可能な未実現利益を有する売却可能な資産を保有しているか

　将来期間において十分な課税所得が発生するかどうかについては，繰延税金資産の実現に十分な課税所得を生じさせる契約，注文残高，利益の生じている会社の取得などの具体的な根拠が必要とされます。

■注記23 法人所得税

(1) 法人所得税費用

著者注：税引前利益と法人所得税費用の内訳についての説明

前連結会計年度および当連結会計年度における税引前利益および法人所得税費用の内訳は，以下のとおりです。

(単位：百万円)

	前連結会計年度 （自2018年4月1日 至2019年3月31日）			当連結会計年度 （自2019年4月1日 至2020年3月31日）		
	国内	海外	合計	国内	海外	合計
税引前利益	70,805	908,570	979,375	△63,390	853,308	789,918
法人所得税費用						
当期分	32,937	183,828	216,765	11,036	233,570	244,606
繰延分	58,121	28,203	86,324	17,470	17,910	35,380
合計	91,058	212,031	303,089	28,506	251,480	279,986

《著者注：税金費用の構成項目（IAS12.79）》

著者注：繰延税金資産の評価減の金額についての説明

前連結会計年度の法人所得税費用（繰延分）には，繰延税金資産の評価減50,322百万円が含まれています。

著者注：実効税率と実際税率の調整表についての説明

当社および国内の連結子会社の法定実効税率は前連結会計年度および当連結会計年度において30.2%です。海外の連結子会社の所得に対しては，16.0%から35.0%の範囲の税率が適用されています。

日本の法定実効税率と平均実際負担税率との差異は，以下のとおりです。

	前連結会計年度 （自2018年4月1日 至2019年3月31日）	当連結会計年度 （自2019年4月1日 至2020年3月31日）
法定実効税率	30.2%	30.2%
海外連結子会社の法定実効税率との差異	△4.3	△3.9

持分法で会計処理されている投資による影響	△7.1	△6.2
未分配利益およびロイヤルティに係る外国源泉税による影響	7.7	8.6
未認識の繰延税金資産の変動	8.3	7.8
課税所得計算上加減算されない損益による影響	0.2	0.8
税額控除による影響	△3.2	△3.0
過年度の税効果に対する見直し	△0.1	△0.7
法人所得税の不確実性に係る調整	0.8	0.2
税法変更に伴う調整額	△2.5	2.3
その他	0.9	△0.7
平均実際負担税率	30.9%	35.4%

《著者注：税率の調整表（IAS12.81⒞）》

(2) 繰延税金資産および繰延税金負債

著者注：繰延税金資産と繰延税金負債の発生原因別内訳についての説明

　前連結会計年度末および当連結会計年度末における繰延税金資産および繰延税金負債の発生の主な原因別の内訳は，以下のとおりです。

(単位：百万円)

	前連結会計年度末 （2019年3月31日）	当連結会計年度末 （2020年3月31日）
繰延税金資産		
棚卸資産	39,044	29,899
未払費用	75,378	66,115
引当金	101,780	75,858
有形固定資産	18,462	18,936
無形資産	22,776	18,198
退職給付に係る負債	95,324	138,735
繰越欠損金	54,817	58,023
繰越税額控除	43,130	50,472
その他	124,588	107,848
合計	575,299	564,084
繰延税金負債		

有形固定資産	81,472	76,126
無形資産	180,607	183,985
その他の金融資産	21,720	5,468
ファイナンス・リース	41,050	40,892
オペレーティング・リース	718,981	701,303
未分配利益	58,112	56,136
その他	50,450	66,489
合計	1,152,392	1,130,399
繰延税金資産（△負債）純額	△577,093	△566,315

《著者注：タイプごとの財政状態計算書で認識された繰延税金資産または負債の金額（IAS12.81⑧）》

（著者注：一部省略）

著者注：繰延税金資産の対象と回収可能性の評価についての説明

　繰延税金資産の認識にあたり，将来減算一時差異，繰越欠損金および繰越税額控除の一部又は全部が将来課税所得に対して利用できる可能性を考慮しています。繰延税金資産の回収可能性の評価においては，予定される繰延税金負債の取崩し，予測される将来課税所得およびタックス・プランニングを考慮しています。当社および連結子会社は，過去の課税所得水準および繰延税金資産が控除可能な期間における将来課税所得の予測に基づき，前連結会計年度末および当連結会計年度末における繰延税金資産は，回収される可能性が高いものと考えていますが，当社および連結子会社をとりまく市場の動向や為替変動などの経済情勢により，将来課税所得の予測の不確実性は増大します。なお，前連結会計年度末および当連結会計年度末の繰延税金資産のうち，それぞれの前連結会計年度または当該連結会計年度に損失が生じている納税主体に帰属しているものは，それぞれ57,410百万円，56,912百万円です。

著者注：繰延税金資産を認識していない項目とそれらの失効期限についての説明

　前連結会計年度末および当連結会計年度末における繰延税金資産を認識していない将来減算一時差異，繰越欠損金および繰越税額控除は，以下の

とおりです。

（単位：百万円）

	前連結会計年度末 （2019年3月31日）	当連結会計年度末 （2020年3月31日）
将来減算一時差異	560,738	665,917
繰越欠損金	261,294	391,272
繰越税額控除	3,850	1,242

　前連結会計年度末および当連結会計年度末における繰延税金資産を認識していない繰越欠損金の失効期限別の内訳は，以下のとおりです。

（単位：百万円）

	前連結会計年度末 （2019年3月31日）	当連結会計年度末 （2020年3月31日）
1年以内	8,759	28,613
1年超5年以内	67,352	59,027
5年超20年以内	101,953	164,371
無期限	83,230	139,261
合計	261,294	391,272

　前連結会計年度末および当連結会計年度末における繰延税金資産を認識していない繰越税額控除の失効期限別の内訳は，以下のとおりです。

（単位：百万円）

	前連結会計年度末 （2019年3月31日）	当連結会計年度末 （2020年3月31日）
1年以内	570	343
1年超5年以内	1,422	672
5年超20年以内	1,858	227
無期限	–	–
合計	3,850	1,242

《著者注：繰延税金資産が認識されていない項目の金額と失効期限（IAS12.81(e)）》

　著者注：連結対象に関して繰延税金負債を認識していない一時差異の金額についての説明

　前連結会計年度末および当連結会計年度末の連結子会社に対する投資お

および共同支配企業に対する持分に係る繰延税金負債を認識していない一時差異の合計は，それぞれ4,908,449百万円，4,718,298百万円です。

《著者注：繰延税金負債が認識されていない子会社等に関する一時差異の合計金額（IAS12.81⒡）》

ポイント ‥‥‥‥‥‥‥‥‥‥‥‥‥‥‥‥‥‥‥‥‥‥‥‥‥‥‥‥‥‥‥‥‥‥‥‥‥

☑ 注記23は，法人所得税費用の内訳，繰延税金資産の評価減，実効税率の調整表，繰延税金資産・負債の発生原因別の内訳，発生原因別の繰延税金費用の内訳，欠損金の失効期限などを示しています。

☑ 注記の内容で重要なのが，税率の調整表です。調整項目で高い割合なのは，未認識の繰延税金の変動であり，これは繰延税金が認識できなかったものを指しています。

☑ 「未分配利益およびロイヤルティに係る外国源泉税による影響」（8.6％（182ページ））のうちの「未分配利益の影響」は，上記の注記の「連結対象に関して繰延税金負債を認識していない一時差異の金額」の当期の変動額です。税金の支払いを法令の範囲内で極力抑えることは，投資家から企業に与えられた使命の１つでもあります。

☑ 繰延税金資産を認識していない項目の金額は，潜在的な資産計上可能性（利益計上（法人所得税費用のマイナス）の可能性）があるものです。これらの多くが欠損金を抱えた子会社に関連するものと想像され，子会社の業績が改善し，繰越欠損金を使用する状況や繰延税金資産の回収可能性が高まる状況になれば，繰延税金資産計上の可能性があります。

☑ 以下に関連する情報を示しました。税効果の対象は国内のものだけではありませんが，ここでは便宜的に日本の実効税率を使用して繰延税金資産の金額を計算しています（2020年３月31日現在）。

（単位：百万円）

	税効果の対象額	実効税率	繰延税金資産の金額
損失が発生している子会社の繰延税金資産			56,912
繰延税金資産を認識していない金額			
将来減算一時差異	665,917	30.2%	201,196
繰越欠損金	391,272	30.2%	118,164

損失が発生している子会社の繰延税金資産の残高は56,912百万円であり，また，繰延税金資産が認識されていない金額は約3,000億円です。子会社の業績が好転するなどにより繰延税金資産が計上されれば，約3,000億円の利益が計上される可能

性があります。これはしかし，あくまで可能性です。

☑ 　税引前利益と法人所得税費用の開示での国内と海外の区分はIFRSでは要求され
ませんが，本田では米国基準の要求を継続して開示しています。また，繰延税金
資産の評価減の金額ですが，米国基準は繰延税金と評価性引当金の双方を表示し
ますが，IFRSは純額で表示します。米国基準では評価性引当金の純変動額の開示
が要求され，この趣旨から，当期の評価減の金額を開示していると思われます。

⋯⋯⋯

日本基準との違い ⋯⋯⋯⋯⋯⋯⋯⋯⋯⋯⋯⋯⋯⋯⋯⋯⋯⋯⋯⋯⋯⋯⋯⋯⋯⋯⋯⋯⋯

　日本基準では，実効税率と実際負担率の差異が5％以下である場合には税率の調
整表の開示を省略することができます。

⋯⋯⋯

16 １株当たり当期利益——他社比較に利用しやすい情報

⒃ １株当たり当期利益

> 基本的１株当たり当期利益は，親会社の所有者に帰属する当期利益を対応する期間の加重平均発行済普通株式数で除して算定しています。

■注記24 １株当たり当期利益

> 前連結会計年度および当連結会計年度における基本的および希薄化後１株当たり当期利益（親会社の所有者に帰属）は，以下の情報に基づいて算定しています。なお，前連結会計年度および当連結会計年度において，希薄化効果のある重要な潜在的普通株式はありません。

	前連結会計年度 （自2018年４月１日 至2019年３月31日）	当連結会計年度 （自2019年４月１日 至2020年３月31日）
親会社の所有者に帰属する当期利益（百万円）	610,316	455,746
基本的加重平均普通株式数（株）	1,763,983,221	1,752,006,211
基本的１株当たり当期利益（親会社の所有者に帰属）	345円99銭	260円13銭

《著者注：計算の分子の利益の金額（IAS33.70(a)）》
《著者注：計算の分母の普通株式の加重平均株式数（IAS33.70(b)）》

ポイント

- ☑ １株当たり利益の計算をチェックできる情報が提供されています。１株当たり利益は他社比較に利用しやすい情報です。
- ☑ 本田は，潜在株式がないので，希薄化後１株当たり利益は基本的１株当たり利益と同額になっています。以下では，希薄化後１株当たり利益に関する三井物産の開示例（第101期）を紹介しています。

⑸ 重要な会計方針の要約

1株当たり当期利益

　親会社の所有者に帰属する基本的1株当たり当期利益は当期利益（親会社の所有者に帰属）を発行済普通株式（自己株式を除く）の加重平均株数で除して算出し，親会社の所有者に帰属する希薄化後1株当たり当期利益は潜在株式に該当する証券による希薄化効果の影響を勘案して算出しております。

注記20　1株当たり当期利益（親会社の所有者に帰属）

　前連結会計年度及び当連結会計年度における，基本的1株当たり当期利益（親会社の所有者に帰属）及び希薄化後1株当たり当期利益（親会社の所有者に帰属）の計算過程は以下のとおりです。

	前連結会計年度（自2018年4月1日 至2019年3月31日）			当連結会計年度（自2019年4月1日 至2020年3月31日）		
	当期利益（分子）	株数（分母）	1株当たり金額	当期利益（分子）	株数（分母）	1株当たり金額
	（百万円）	（千株）	（円）	（百万円）	（千株）	（円）
基本的1株当たり当期利益（親会社の所有者に帰属）	414,215	1,737,982	238.33	391,513	1,731,384	226.13
希薄化効果のある証券の影響						
関連会社の潜在株式に係る調整	△37	－		△22	－	
ストック・オプションに係る調整	－	1,202		－	1,046	
希薄化後1株当たり当期利益（親会社の所有者に帰属）	414,178	1,739,184	238.15	391,491	1,732,430	225.98

6　個別の注記を読む

1　セグメント情報——赤字の場合は有形固定資産・無形資産の減損を疑う

注記4　セグメント情報

著者注：セグメントの決定の基礎と決定したセグメントについての説明

　当社の事業セグメントは，経営組織の形態と製品およびサービスの特性に基づいて二輪事業・四輪事業・金融サービス事業・ライフクリエーション事業及びその他の事業の4つに区分されています。

　以下のセグメント情報は，独立した財務情報が入手可能な構成単位で区分され，定期的に当社の最高経営意思決定機関により経営資源の配分の決定および業績の評価に使用されているものです。また，セグメント情報における会計方針は，当社の連結財務諸表における会計方針と一致しています。

　各事業の主要製品およびサービス，事業形態は以下のとおりです。

事業	主要製品およびサービス	事業形態
二輪事業	二輪車，ATV，Side-by-Side，関連部品	研究開発・生産・販売・その他
四輪事業	四輪車，関連部品	研究開発・生産・販売・その他
金融サービス事業	金融	当社製品に関わる販売金融およびリース業・その他
ライフクリエーション事業及びその他の事業	パワープロダクツ，関連部品，その他	研究開発・生産・販売・その他

190

《著者注：セグメントを識別するために使用した要素と源泉となる製品および
サービスの種類（IFRS8.22)》

(1)　事業の種類別セグメント情報
　前連結会計年度および当連結会計年度における当社および連結子会社の
事業の種類別セグメント情報は，以下のとおりです。
（著者注：前連結会計年度（自2018年4月1日　至2019年3月31日）は省
略しました）

当連結会計年度（自2019年4月1日　至2020年3月31日）

（単位：百万円）

	二輪事業	四輪事業	金融サービス事業	ライフクリエーション事業及びその他の事業	計	消去又は全社	連結
売上収益							
(1)外部顧客	2,059,335	9,959,080	2,586,965	325,629	14,931,009	－	14,931,009
(2)セグメント間	－	235,558	13,972	25,025	274,555	△274,555	－
計	2,059,335	10,194,638	2,600,937	350,654	15,205,564	△274,555	14,931,009
営業利益（△損失）	285,668	153,323	219,704	△25,058	633,637	－	633,637
持分法による投資利益	34,526	129,114	－	563	164,203	－	164,203
資産	1,483,888	7,821,499	10,282,136	354,472	19,941,995	519,470	20,461,465
持分法で会計処理されている投資	83,144	566,582	－	5,749	655,475		655,475
減価償却費および償却費	67,512	555,153	823,996	14,742	1,461,403	－	1,461,403
資本的支出	93,871	498,260	2,248,597	17,611	2,858,339	－	2,858,339
減損損失（非金融資産）	345	57,817	36,039	15	94,216	－	94,216

金融サービスに係る債権―クレジット損失引当金およびリース残価損失引当金繰入額	–	–	56,894	–	56,894	–	56,894

(注) 1　各セグメントの営業利益（△損失）の算出方法は，連結損益計算書における営業利益の算出方法と一致しており，持分法による投資利益，金融収益及び金融費用および法人所得税費用を含んでいません。また，各セグメントに直接賦課できない営業費用は，最も合理的な配賦基準に基づいて，各セグメントに配賦しています。
　2　各セグメントおよび消去又は全社の資産の合計は，連結財政状態計算書の総資産と一致しており，持分法で会計処理されている投資，デリバティブ資産および繰延税金資産などを含んでいます。また，消去又は全社に含まれる金額を除く，各セグメントに直接賦課できない資産については，最も合理的な配賦基準に基づいて，各セグメントに配賦しています。
　3　セグメント間取引は，独立企業間価格で行っています。
　4　資産の消去又は全社の項目には，セグメント間取引の消去の金額および全社資産の金額が含まれています。全社資産の金額は，前連結会計年度末および当連結会計年度末において，それぞれ682,842百万円，787,022百万円であり，その主な内容は，当社の現金及び現金同等物，その他の包括利益を通じて公正価値で測定する金融資産です。
　5　製品保証引当金繰入額は，前連結会計年度および当連結会計年度において，それぞれ247,194百万円，212,275百万円であり，主に四輪事業に含まれています。
　6　費用として認識した棚卸資産の評価減の金額は，前連結会計年度および当連結会計年度において，それぞれ32,565百万円，37,752百万円であり，四輪事業や，ライフクリエーション事業及びその他の事業に含まれている航空機および航空機エンジンに関連するものです。

《著者注：総資産（日常的に最高意思決定者に提供されている場合）（IFRS8.23）》
《著者注：持分法投資（日常的に最高意思決定者に提供されている場合）（IFRS8.24）》
《著者注：セグメント間の取引の会計処理の基礎（IFRS8.27(a)）》
《著者注：財務諸表の数値との調整（IFRS8.28）》

(2)　製品およびサービスに関する情報

　前連結会計年度および当連結会計年度における当社および連結子会社の製品およびサービス別に区分した売上収益の金額は，以下のとおりです。

（単位：百万円）

	前連結会計年度（自2018年4月1日 至2019年3月31日）	当連結会計年度（自2019年4月1日 至2020年3月31日）
二輪車，関連部品	1,986,968	1,921,065
ATV，Side-by-Side，関連部品	113,187	138,270

四輪車，関連部品	12,173,065	11,199,477
金融	1,264,407	1,346,568
パワープロダクツ，関連部品	266,012	243,251
その他	84,978	82,378
合計	15,888,617	14,931,009

《著者注：製品およびサービスに関する情報（IFRS8.32)》

(3) 地域に関する情報

　前連結会計年度および当連結会計年度における当社および連結子会社の所在地別に区分した売上収益および非流動資産（金融商品，繰延税金資産および確定給付資産の純額を除く）の金額は，以下のとおりです。
（著者注：前連結会計年度（自2018年4月1日　至2019年3月31日）は省略しました）

当連結会計年度（自2019年4月1日　至2020年3月31日）

（単位：百万円）

	日本	米国	その他	計
売上収益	2,307,523	7,091,136	5,532,350	14,931,009
非流動資産（金融商品，繰延税金資産および確定給付資産の純額を除く）	3,003,416	4,007,268	1,573,982	8,584,666

《著者注：地域情報（IFRS8.33)》

(4) 地域別セグメント補足情報

　当社は，IFRSで要求される開示に加え，財務諸表利用者に以下の情報を開示します。

所在地別セグメント情報（当社および連結子会社の所在地別）
（著者注：前連結会計年度（自2018年4月1日　至2019年3月31日）は省略しました）

当連結会計年度（自2019年4月1日　至2020年3月31日）

（単位：百万円）

	日本	北米	欧州	アジア	その他の地域	計	消去又は全社	連結
売上収益								
(1)外部顧客	2,307,523	8,167,345	561,856	3,207,470	686,815	14,931,009	－	14,931,009
(2)セグメント間	2,115,411	389,474	210,713	652,231	6,825	3,374,654	△3,374,654	－
計	4,422,934	8,556,819	772,569	3,859,701	693,640	18,305,663	△3,374,654	14,931,009
営業利益（△損失）	△28,162	305,315	14,996	319,565	37,289	649,003	△15,366	633,637
資産	4,889,920	11,375,801	689,158	2,851,027	518,445	20,324,351	137,114	20,461,465
非流動資産（金融商品，繰延税金資産および確定給付資産の純額を除く）	3,003,416	4,755,072	58,735	658,397	109,046	8,584,666	－	8,584,666

(注)　1　国又は地域の区分の方法および各区分に属する主な国
　　　　(1)　国又は地域の区分の方法………地理的近接度によっています。
　　　　(2)　各区分に属する主な国…………北米：米国，カナダ，メキシコ
　　　　　　　　　　　　　　　　　　　　　欧州：英国，ドイツ，ベルギー，イタリア，フランス
　　　　　　　　　　　　　　　　　　　　　アジア：タイ，インドネシア，中国，インド，ベトナム
　　　　　　　　　　　　　　　　　　　　　その他の地域：ブラジル，オーストラリア
　　　　2　各セグメントの営業利益（△損失）の算出方法は，連結損益計算書における営業利益の算出方法と一致しており，持分法による投資利益，金融収益及び金融費用および法人所得税費用を含んでいません。
　　　　3　各セグメントおよび消去又は全社の資産の合計は，連結財政状態計算書の総資産と一致しており，持分法で会計処理されている投資，デリバティブ資産および繰延税金資産などを含んでいます。
　　　　4　セグメント間取引は，独立企業間価格で行っています。
　　　　5　資産の消去又は全社の項目には，セグメント間取引の消去の金額および全社資産の金額が含まれています。全社資産の金額は，前連結会計年度末および当連結会計年度末において，それぞれ682,842百万円，787,022百万円であり，その主な内容は，当社の現金及び現金同等物，その他の包括利益を通じて公正価値で測定する金融資産です。

（著者注：以下省略）

ポイント……………………………………………………………………………………………

☑　セグメント情報は，昔は極秘情報として公開されていませんでしたが，開示要

求により開示されるようになりました。本田は，補足情報として細分化し，情報を追加（損益情報等）した地域情報を米国基準時代と同様に開示しています。

☑ MD＆Aでは，このセグメントを基礎に説明をしています。IFRSでは最高意思決定者に提供されている場合，資産の開示がされます。

☑ 報告セグメントの損益が赤字の場合には，有形固定資産・無形資産（のれんを含む）の減損が疑われることになります。

日本基準との違い

日本基準では資産の開示は強制です。

2	**現金及び現金同等物──キャッシュ・フロー計算書と差異がある場合は調整の開示が求められる**

注記5 現金及び現金同等物

前連結会計年度末および当連結会計年度末における現金及び現金同等物の内訳は，以下のとおりです。

（単位：百万円）

	前連結会計年度末 （2019年3月31日）	当連結会計年度末 （2020年3月31日）
現金および預金	1,815,920	2,017,247
現金同等物	678,201	655,106
合計	2,494,121	2,672,353

当社および連結子会社が保有する現金同等物は，主にマネー・マーケット・ファンドおよび譲渡性預金です。

ポイント

☑ 注記5は現金及び現金同等物の内訳を示しています。

☑ 財政状態計算書の「現金及び現金同等物」とキャッシュ・フロー計算書の「現金及び現金同等物」の数値について差異がある場合には，その調整の開示が要求されています。差異の理由は，短期の有価証券をキャッシュ・フロー計算書の「現金及び現金同等物」に含めている場合です。

☑ 米国基準では，財政状態計算書の「現金及び現金同等物」に短期の有価証券も含め，キャッシュ・フロー計算書と一致させることが前提となり，当然ながら，そのような開示の要求はありません。本田も一致させています。

3 ┃ 公正価値──レベル3は注意が必要

注記26　公正価値

(1)　公正価値ヒエラルキーの定義

　当社および連結子会社は，公正価値の測定に使われる評価手法における基礎条件を次の3つのレベルに順位付けしています。

　　レベル1　測定日現在において入手しうる同一の資産または負債の活発な市場における公表価格

　　レベル2　レベル1に分類される公表価格以外で，当該資産または負債について，直接または間接的に市場で観察可能な基礎条件

　　レベル3　当該資産または負債について，市場で観察不能な基礎条件

　これらの基礎条件に基づき測定された資産および負債の公正価値は，重要な基礎条件のうち，最も低いレベルの基礎条件に基づき分類しています。なお，当社および連結子会社は，資産および負債のレベル間の振替を，振替のあった報告期間の期末日に認識しています。

(2)　公正価値の測定方法

　資産および負債の公正価値は，関連市場情報および適切な評価方法を使用して決定しています。

　資産および負債の公正価値の測定方法および前提条件は，以下のとおりです。

（現金及び現金同等物，営業債権，営業債務）

　これらの公正価値は，短期間で決済されるため，帳簿価額と近似しています。

（金融サービスに係る債権）

　金融サービスに係る債権の公正価値は，主に類似の残存契約期間の債権に対し適用される直近の利率を使用し，将来のキャッシュ・フローを現在

価値に割引くことによって測定しています。したがって，金融サービスに係る債権の公正価値の測定は，レベル3に分類しています。

（負債性証券）

　負債性証券は，主に投資信託，社債，地方債およびオークション・レート・セキュリティで構成されています。

　活発な市場のある投資信託の公正価値は，市場における公表価格に基づいて測定しています。したがって，活発な市場のある投資信託の公正価値の測定は，レベル1に分類しています。

　社債や地方債の公正価値は，金融機関等の独自の価格決定モデルに基づき，信用格付けや割引率などの市場で観察可能な基礎条件を用いて測定しています。したがって，社債および地方債の公正価値の測定は，レベル2に分類しています。

　当社の連結子会社が保有するオークション・レート・セキュリティはA格からAAA格で，保証機関による保険および教育省や米国政府による再保険がかけられており，約95％は米国政府によって保証されています。オークション・レート・セキュリティの公正価値は，市場で観察可能な基礎条件に加えて，各オークションの成立確率のような市場で観察不能な基礎条件を用いる，第三者機関の評価を使用しています。したがって，オークション・レート・セキュリティの公正価値の測定は，レベル3に分類しています。

（資本性証券）

　活発な市場のある資本性証券の公正価値は，市場における公表価格に基づいて測定しています。したがって，活発な市場のある資本性証券の公正価値の測定は，レベル1に分類しています。

　活発な市場のない資本性証券の公正価値は，主に類似企業比較法またはその他の適切な評価方法を用いて測定しています。したがって，活発な市場のない資本性証券の公正価値の測定は，レベル3に分類しています。なお，活発な市場のない資本性証券について，取得原価が公正価値の最善の見積りを表す場合には，取得原価をもって公正価値としています。

　レベル3に区分された資本性証券の公正価値の測定に関する重要な観測

198

不能な基礎条件は，類似企業の株価純資産倍率です。公正価値は類似企業の株価純資産倍率の上昇（低下）により増加（減少）します。当該公正価値測定は，適切な権限者に承認された連結決算方針書に従い，当社および連結子会社の経理部門担当者等が評価方法を決定し，公正価値を測定しています。

（デリバティブ）

デリバティブは，主に為替予約，通貨オプション契約，通貨スワップ契約および金利スワップ契約で構成されています。

為替予約および通貨オプション契約の公正価値は，為替レートや割引率，ボラティリティなどの市場で観察可能な基礎条件に基づいて測定しています。通貨スワップ契約および金利スワップ契約の公正価値は，ロンドン銀行間貸出金利（LIBOR）やスワップレート，為替レートなどの市場で観察可能な基礎条件を使用し，将来のキャッシュ・フローを現在価値に割引くことによって測定しています。したがって，デリバティブの公正価値の測定は，レベル2に分類しています。

デリバティブの評価については，契約相手先の信用リスクを考慮しています。

（資金調達に係る債務）

資金調達に係る債務の公正価値は，条件および残存期間の類似する債務に対し適用される現在入手可能な利率を使用し，将来のキャッシュ・フローを現在価値に割引くことによって測定しています。したがって，資金調達に係る債務の公正価値の測定は，主にレベル2に分類しています。

(3) 経常的に公正価値で測定する資産および負債

前連結会計年度末および当連結会計年度末における経常的に公正価値で測定する資産および負債の測定値の内訳は，以下のとおりです。
（著者注：前連結会計年度末（2019年3月31日）は省略しました）

当連結会計年度末（2020年3月31日）

(単位：百万円)

	レベル1	レベル2	レベル3	合計
その他の金融資産				
純損益を通じて公正価値で測定する金融資産				
デリバティブ				
為替商品	–	19,215	–	19,215
金利商品	–	76,589	–	76,589
合計	–	95,804	–	95,804
負債性証券	18,175	34,949	5,224	58,348
その他の包括利益を通じて公正価値で測定する金融資産				
負債性証券	–	9,069	–	9,069
資本性証券	78,493	–	99,508	178,001
合計	96,668	139,822	104,732	341,222
その他の金融負債				
純損益を通じて公正価値で測定する金融負債				
デリバティブ				
為替商品	–	24,834	–	24,834
金利商品	–	90,334	–	90,334
合計	–	115,168	–	115,168
合計	–	115,168	–	115,168

《著者注：金融資産・負債の公正価値の計算データのレベルごとの公正価値金額（IFRS13.93(a)）》

　当連結会計年度において，レベル1とレベル2の間の振替はありません。

《著者注：レベル1とレベル2の間の振替の有無（IFRS13.93(b)）》

著者注：レベル3の金融資産の増減表についての説明

　前連結会計年度および当連結会計年度における経常的に公正価値により測定するレベル3の資産および負債の増減は，以下のとおりです。

（著者注：前連結会計年度（自2018年4月1日　至2019年3月31日）は省

200

略しました）

当連結会計年度（自2019年４月１日　至2020年３月31日）

（単位：百万円）

	負債性証券	資本性証券
2019年４月１日残高	5,439	98,156
利得または損失		
純損益	△28	－
その他の包括利益	－	△3,584
購入	－	5,222
売却	－	△40
在外営業活動体の為替換算差額	△187	△246
2020年３月31日残高	5,224	99,508

純損益に含まれる報告期間の末日に保有する資産に係る未実現損益	△28	－

(注)　1　前連結会計年度および当連結会計年度の純損益に含まれる利得または損失は，連結損益計算書の金融収益及び金融費用 その他（純額）に含まれています。
　　　2　前連結会計年度および当連結会計年度の資本性証券のその他の包括利益に含まれる利得または損失は，連結包括利益計算書の純損益に振り替えられることのない項目のその他の包括利益を通じて公正価値で測定する金融資産の公正価値の純変動に含まれています。

《著者注：レベル３の増減表（IFRS13.93(e)）》

(4)　償却原価で測定する金融資産および金融負債

　著者注：償却原価で測定する金融資産・金融負債の帳簿価額と公正価値についての説明

　前連結会計年度末および当連結会計年度末における償却原価で測定する金融資産および金融負債の帳簿価額と公正価値は，以下のとおりです。

（単位：百万円）

	前連結会計年度末（2019年３月31日）		当連結会計年度末（2020年３月31日）	
	帳簿価額	公正価値	帳簿価額	公正価値
金融サービスに係る債権	5,405,250	5,417,297	5,161,165	5,173,553

負債性証券	54,964	54,952	62,204	62,210
資金調達に係る債務	7,331,120	7,355,632	7,469,686	7,408,800

　上記の表には，償却原価で測定する金融資産および金融負債のうち，帳簿価額が公正価値と近似するものを含めていません。

《著者注：金融資産・金融負債（償却原価）の帳簿価額と公正価値（IFR7.25）》

ポイント

☑　注記26は，公正価値について，基礎条件のヒエラルキー，測定方法，レベル別の内訳，レベル３の増減表，償却原価の資産・負債の公正価値を示しています。

☑　公正価値の使用頻度は増えていますが，公正価値測定を全般的に規定したのがIFRS第13号「公正価値測定」です。

☑　公正価値の測定に使われる基礎データは３つのレベルがあります。一口に公正価値といってもその信頼性は同レベルではないからです。本田は，どのレベルに属するかについて詳細な説明をしています。残念ながら，だれもが見聞きでき，一般に公開されているレベル１のデータは限定的で，株式等の使用する証券市場での終値しかありません。したがって，他のレベル２やレベル３のデータは客観性がなく，信頼性も高くありません。会社自身が計算したものなので，実際の市場価値とは違いがある可能性がありますが，それでもIFRSは公正価値を見積もって測定することを要求しているのです。

☑　上記のような問題があることを念頭に，開示を読む必要があります。開示では，この問題への対応として，レベルごとの開示やレベル３の増減表を要求しています。レベル３が最も客観性がなく，要注意のレベルで，中身を常に見守る必要があります。本田のレベル３の開示に負債性証券と資本性証券の一部が示されていますが，これは非上場の資本性証券の金額です。

☑　開示のために，「経常的な公正価値の測定」と「非経常的な公正価値の測定（減損のための測定）」を区分しています。償却原価で測定する金融資産・金融負債は公正価値で測定されませんが，補足情報として公正価値が開示されます。資金調達に係る債務については，公正価値計算に通常使用される追加借入利率の影響を受けます。

☑　上記のレベル別の表の合計金額は，金融資産については「注記８　その他の金融資産」の関連する金額（86ページ）と，金融負債については「注記16　その他の金融負債」の関連する金額（92ページ）と一致します。

| 日本基準との違い |

　日本においても，IFRSと同様の公正価値の基準書が適用されていますが，レベル1とレベル2の間の振替の開示は要求されません。日本基準では，「経常的な公正価値の測定」と「非経常的な公正価値の測定」の概念はありません。

| 4 | 契約残高および偶発債務──進行中の訴訟の影響もわかる |

注記28　契約残高および偶発債務

(1)　契約

①　発注契約

前連結会計年度末および当連結会計年度末における設備投資の発注残高およびその他契約残高は，以下のとおりです。

（単位：百万円）

	前連結会計年度末 （2019年3月31日）	当連結会計年度末 （2020年3月31日）
設備投資の発注残高およびその他契約残高	99,379	80,670

《著者注：無形資産の取得に関する確約契約（IAS38.122(e)）》
《著者注：有形固定資産の取得に関する確約契約（IAS16.74(c)）》

（著者注：一部省略）

(2)　損害請求および訴訟

著者注：訴訟および損害賠償請求に関する引当の条件と見直しについての説明

当社および連結子会社は，さまざまな訴訟および損害賠償請求の潜在的な義務を負っています。当社および連結子会社は，経済的便益を有する資源の流出が生じる可能性が高く，かつ，その債務の金額について信頼性をもって見積ることができる場合に，引当金を計上しています。当社および連結子会社は，定期的に当該引当金を見直し，訴訟および損害賠償請求の性格や訴訟の進行状況，弁護士の意見などを考慮して，当該引当金を修正しています。

> 著者注：製造物責任（PL）または個人傷害に関する損害賠償請求または訴訟に関する債務等についての説明
>
> 　製造物責任（PL）または個人傷害に関する損害賠償請求または訴訟に関して，当社および連結子会社は，一般的な損害や特別な損害について原告側が勝訴した判決による債務および裁判のための費用は，保険および引当金で十分に賄えるものと考えています。いくつかの訴訟では懲罰的な損害賠償が申し立てられています。
>
> 　弁護士と相談し，現存する訴訟および損害賠償請求に関連する知る限りの全ての要素を考慮した結果，これらの訴訟および損害賠償請求は当社および連結子会社の財政状態および経営成績へ重要な影響を与えるものではないと考えています。
>
> 《著者注：偶発負債の種類ごとに内容の簡単な記述（IAS37.86)》
>
> （著者注：以下省略）

ポイント ....

- ☑ 　注記28の契約残高と偶発債務に関しては，財政状態計算書で計上されていないため，財政状態計算書の本体では注記28への参照番号である28は付されていません。
- ☑ 　発注契約の金額は，解約できない契約について支払わなければならない金額を示しています。購入が実際に行われるまでは負債は計上されないので，その時点まで簿外の債務の性格を有します。時として，企業の資金繰りに重要な影響を与える場合があります。
- ☑ 　進行中の訴訟に関しては，日本基準の有価証券報告書で開示されることはほとんどありません。裁判の終結により多額の債務が発生することはよくあることですが，有価証券報告書だけを読んだ人にとっては寝耳に水となることがあるのです。

....

5　関連当事者——主要な経営者の報酬はここでチェック

注記30　関連当事者

(1)　関連当事者との取引

著者注：連結グループ会社との取引の内容についての説明

　当社および連結子会社は，関連会社および共同支配企業から，原材料，部品およびサービスなどについて仕入れており，また，製品，生産用部品，設備およびサービスなどを売上げています。関連会社および共同支配企業との取引は，独立企業間価格を基礎として行っています。

著者注：持分法適用会社（関連会社と共同支配企業）との債権・債務の期末残高についての説明

　前連結会計年度末および当連結会計年度末における関連会社および共同支配企業に対する債権債務の残高は，以下のとおりです。

（単位：百万円）

	前連結会計年度末 （2019年3月31日）	当連結会計年度末 （2020年3月31日）
債権残高		
関連会社	22,518	19,120
共同支配企業	237,880	204,126
合計	260,398	223,246
債務残高		
関連会社	141,576	108,267
共同支配企業	35,044	27,128
合計	176,620	135,395

著者注：関連会社と共同支配企業との取引高についての説明

　前連結会計年度および当連結会計年度における関連会社および共同支配企業との取引高は，以下のとおりです。

（単位：百万円）

	前連結会計年度 （自2018年4月1日 至2019年3月31日）	当連結会計年度 （自2019年4月1日 至2020年3月31日）
売上収益		
関連会社	113,814	109,615
共同支配企業	724,712	722,896
合計	838,526	832,511
仕入高		
関連会社	1,416,729	1,241,314
共同支配企業	135,787	166,885
合計	1,552,516	1,408,199

（著者注：一部省略）

(2)　主要な経営幹部に対する報酬

　前連結会計年度および当連結会計年度における当社の取締役に対する報酬は，以下のとおりです。

（単位：百万円）

	前連結会計年度 （自2018年4月1日 至2019年3月31日）	当連結会計年度 （自2019年4月1日 至2020年3月31日）
役員報酬	732	691
役員賞与	172	101
株式報酬	125	140
合計	1,029	932

《著者注：主要な経営者の報酬総額（IAS24.17）》

(3)　主要な連結子会社

　2020年3月31日現在，主要な連結子会社は，以下のとおりです。

名称	住所	主要な事業の内容		議決権の所有割合（％）
		セグメントの名称	事業形態	
㈱本田技術研究所	埼玉県和光市	二輪事業 四輪事業 ライフクリエーション事業及びその他の事業	研究開発	100.0
㈱ホンダファイナンス	東京都千代田区	金融サービス事業	金融	100.0

（著者注：以下に示されていた子会社37社は省略）

《著者注：親会社と子会社の関係（名称，所在地，持株比率など）（IAS24.13）》

ポイント ···

☑ 注記30は，持分法適用会社との期末債権・債務，主要な経営幹部に対する報酬などを示しています。

☑ IFRSの関連当事者には，連結子会社，持分法適用会社のほかに，主要な経営者（企業のディレクターを含む，直接・間接に企業の活動を計画し，指揮し，管理する権限と責任を持っている人々）が含まれ，主要な経営者の報酬の開示が要求されます。

☑ 持分法適用会社（関連会社と共同支配企業）に対する債権・債務の期末残高と関連するコミットメントが開示されています。

☑ 親会社と子会社の関係は，関連当事者間取引があったかどうかにかかわらず，開示しなければなりません。

　本田の場合，主要な経営幹部は取締役としています。日本基準の場合には，役員の報酬額の開示が有価証券報告書で行われますが，本田も，有価証券報告書の4【コーポレート・ガバナンスの状況等】⑷【役員の報酬等】②提出会社の役員区分ごとの報酬等の総額，報酬等の種類別の総額および対象となる役員の員数で，以下の開示をしています。

役員区分	報酬等の総額（百万円）	報酬等の種類別の総額（百万円）			対象となる役員の員数（名）
		固定報酬	業績連動報酬		
			賞与	株式報酬	
取締役（監査等委員を除く）（社外取締役を除く）	702	460	101	140	7

社外取締役（監査等委員を除く）	33	33	—	—	3
取締役（監査等委員）（社外取締役を除く）	143	143	—	—	2
社外取締役（監査等委員）	50	50	—	—	4
計	930	689	101	140	16

注記28の数値と合計で2百万円違いますが，端数処理のためと思われます。

日本基準との違い

日本では，経営者の報酬の開示は有価証券の財務諸表の本体以外の部分で行われます。

| 6 | 発行の承認日と承認者がわかる連結財務諸表の発行の承認 |

注記31　連結財務諸表の発行の承認

> 　連結財務諸表の発行は，2020年6月19日に当社の代表取締役社長である○○○○および専務取締役 財務・管理担当である○○○○によって承認されています。（著者注：名前は○○としました）
>
> 《著者注：財務諸表の承認日と承認者（IAS10.17)》

ポイント ....

☑　IFRSでは，連結財務諸表の発行の承認日と承認者が開示されます。2020年6月19日は，有価証券報告書と年次報告書（様式20-F）の提出日です。

....

日本基準との違い ....

日本基準ではこの開示はありません。

....

7 企業結合――日本基準のほうがのれんの金額は大きくなる？

企業結合（日立の開示例（第151期））

注3．主要な会計方針の概要

(17)　企業結合

　企業結合の会計処理は取得法によっており，取得の対価は，取得日の公正価値で測定された移転対価及び被取得企業に対する非支配持分の金額の合計額として測定されます。当社は，企業結合ごとに，公正価値又は被取得企業の識別可能純資産の公正価値に対する持分割合相当額のいずれかにより，被取得企業に対する非支配持分を測定するかを選択しています。また，発生した取得関連費用は，発生時に費用処理しています。

注5．事業再編等
（著者注：一部省略）
　当連結会計年度及び連結財務諸表の承認日までに生じた主な事業再編等は下記のとおりです。

(1)　Chassis Brakes International B.V.（Chassis Brakes社）の買収
　当社及び，当社の子会社で，ライフセグメントに属する日立オートモティブシステムズ㈱（日立AMS）は，中核事業をさらに強化し，グローバルプレゼンスを高めることを目的として，米国KPSキャピタルパートナーズの特別目的事業体であるCaliper Acquisition International S.ar.l.（Caliper社）との間で，Caliper社が保有する全てのChassis Brakes社株式を日立AMSが取得する，株式譲渡契約を2019年7月24日に締結しました。日立AMSは，本譲渡契約に基づき2019年10月11日に取得を完了しました。その結果，Chassis Brakes社に対する当社の所有持分の割合は100％となり，Chassis Brakes社は当社の子会社となりました。また，当該取得に加え，当社の子会社であるHitachi International (Holland) B.V.はChassis Brakes社の借入金194百万ユーロ（23,066百万円）の返済を行っています。

　Chassis Brakes社の取得の対価，取得した資産及び引継いだ負債の取得日において認識した価額の要約は，下記のとおりです。

（単位：百万円）

現金及び現金同等物	3,666
売上債権及び契約資産	13,815
棚卸資産	10,894
その他の流動資産	5,940
非流動資産（無形資産を除く）	28,548
無形資産	
のれん（損金不算入）	47,663
その他の無形資産	34,139
合計	144,665
流動負債	50,074
非流動負債	34,513
合計	84,587
支払対価（現金）	60,078

　のれんは，主に超過収益力及び既存事業とのシナジー効果を反映したものです。

　Chassis Brakes社の取得日から2020年3月31日までの経営成績は重要ではありませんでした。

　2019年4月1日時点で当該取得が行われたと仮定した場合の，当連結会計年度の売上収益及び当期利益に与える影響額は重要ではありませんでした。

（著者注：他の企業結合もありますが，1件だけ示しました）

《著者注：被取得企業の名称・概要，取得日，取得割合，支配獲得方法，のれんの構成要素，取得対価の公正価値，各主要項目の公正価値，取得した債権，税務上で損金算入できるのれんの金額，取得日を期首とした場合の収入と損益（IFRS3．B64)》

ポイント

☑　企業結合の論点としては，何といってものれんが主役です。のれんは，取得額

　と被取得企業の公正価値の差額の概念ですから，当然，個々の資産の価値の積み上げではありません。理論上ののれんの内容は，被取得企業が計上していなかった無形資産で，企業結合の会計で計上できなかった部分となりますが，IFRSの企業結合の会計では無形資産の計上（自己創設無形資産の例外）を極力要請していますので，無形固定資産の条件を満たさない資産（人的資源，コーポレートガバナンス，IR能力など）になるのでしょう。

☑　日本基準では，無形資産に関する規定があまりないため（例えば，顧客リスト等の概念もない），日本基準のほうがのれんの金額が大きくなる可能性があります。

☑　日立の開示例にもみられるように，のれんの構成要素は，「超過収益力」や「シナジー効果」の記述が定番になっています。一般的には，成功したといえるM&Aは多いとはいえず，M&Aの後の開示を見守ることになります。

☑　のれんに関しては，米国では，減損会計の導入時に，のれんを償却するかどうかの議論に多くの時間が費やされましたが，結論としては，IFRS同様，非償却プラス減損の会計になりました。日本ではのれんを償却することとされていますが，世界的にも償却論が活発になっており，現在議論が進行中です。今後は，この議論の行方を見守る必要があります。

☑　のれんの取扱いの違いは，日本基準の財務諸表とIFRSの財務諸表の比較可能性に大きな影響があります。以下にのれんの償却支持者と非償却支持者の主な主張（図表3－11）とのれんの償却・非償却のメリットとデメリット（図表3－12）を示しました。

図表3－11　のれんの償却支持者と非償却支持者の主な主張

支持者	主な主張
のれん償却支持者	IFRSは自己創設無形資産（自己創設のれん）を認めていないのに，必ず価値が減少しているのれんを償却しないことは，価値低下部分に自己創設のれんを認めることになる。理論矛盾である。
のれん非償却支持者	かつての米国基準では，40年を超えない期間でのれんの償却が行われた。のれんの償却年数はどのように決定するのか。合理的な決定方法はないのではないか。減損テストはしっかり毎期やる。

図表3－12 のれんの償却・非償却のメリットとデメリット

メリット・デメリット	償却（日本基準）	非償却（IFRS）
メリット	減損損失計上額が償却により減少する。	・のれんの耐用年数を決定しなくてよい。 ・日本基準に比べ，利益が大きくなる。
デメリット	・IFRSに比べ，利益が少なくなる。 ・のれんの耐用年数の合理的な説明が求められる	・毎期，減損テストが要求され，費用がかかる。 ・減損損失が計上される場合，償却する場合に比べ多額となる

日本基準との違い ···

　日本基準では，のれんは定額償却されます。また，減損の兆候がある場合に，減損テストが実施されます。

··

| 8 | ヘッジ会計——日本の「繰延ヘッジ」はIFRSの「キャッシュ・フロー・ヘッジ」に相当 |

ヘッジ会計（日立の開示例（第151期））

注3．主要な会計方針の概要

(4) 金融商品

（著者注：一部省略）

③ デリバティブ及びヘッジ会計

当社は，為替リスク及び金利リスクをヘッジするために，先物為替予約契約，通貨スワップ契約及び金利スワップ契約といったデリバティブ商品を利用しています。これらのデリバティブはその保有目的，保有意思にかかわらず全て公正価値で計上しています。

当社が利用しているヘッジの会計処理は，下記のとおりです。

• 「公正価値ヘッジ」は，既に認識された資産又は負債もしくは未認識の確定契約の公正価値の変動に対するヘッジであり，ヘッジの効果が有効である限り，既に認識された資産又は負債もしくは未認識の確定契約とその関連するデリバティブの公正価値の変動は純損益で認識しています。

• 「キャッシュ・フロー・ヘッジ」は，将来取引のヘッジ又は既に認識された資産又は負債に関連して発生する将来キャッシュ・フローの変動に対するヘッジであり，ヘッジの効果が有効である限り，キャッシュ・フロー・ヘッジとして指定したデリバティブの公正価値の変動はその他の包括利益として認識しています。この会計処理は，ヘッジ対象に指定された未認識の確定契約又は将来キャッシュ・フローの変動を純損益に認識するまで継続し，その時点でデリバティブの公正価値の変動も純損益に含めています。なお，ヘッジ対象に指定された予定取引により，非金融資産もしくは非金融負債が認識される場合，その他の包括利益として認識したデリバティブの公正価値の変動は，当該資産又は負債が認識された時点で，当該資産又は負

債の取得原価その他の帳簿価額に直接含めています。

　当社は，IFRS第9号「金融商品」（2017年10月改訂）に定められるデリバティブを利用する目的，その戦略を含むリスク管理方針を文書化しており，それに加えて，そのデリバティブがヘッジ対象の公正価値又は将来キャッシュ・フローの変動の影響を相殺しているかどうかについて，ヘッジの開始時及び開始後も引き続き，一定期間毎に評価を行っています。ヘッジの効果が有効でなくなった場合は，ヘッジ会計を中止しています。

注26.　金融商品及び関連する開示
（著者注：一部省略）
⑷　デリバティブとヘッジ活動
　①　公正価値ヘッジ
　既に認識している資産又は負債とそれに対する公正価値ヘッジに指定したデリバティブの公正価値の変動は，発生した連結会計年度の純損益に計上しています。公正価値ヘッジとして指定したデリバティブには，営業活動に関連する先物為替予約契約と，資金調達活動に関連する通貨スワップ契約及び金利スワップ契約等があります。

　②　キャッシュ・フロー・ヘッジ
　為替変動リスク
　将来の外貨建取引の有効なキャッシュ・フロー・ヘッジとして指定した先物為替予約契約の公正価値の変動のうち有効なヘッジと判断される部分は，その他の包括利益に計上しています。ヘッジ対象である取引が純損益に影響を与える時点で，その他の包括利益累計額に認識した金額を純損益に組み替えています。なお，ヘッジ対象に指定された予定取引により，非金融資産もしくは非金融負債が認識される場合，その他の包括利益として認識したデリバティブの公正価値の変動は，当該資産又は負債が認識された時点で，当該資産又は負債の取得原価その他の帳簿価額に直接含めています。

　金利変動リスク
　長期性負債に関連したキャッシュ・フローの変動に対し指定した金利スワップ契約の公正価値の変動のうち有効なヘッジと判断される部分は，そ

の他の包括利益に計上しています。その他の包括利益累計額は，その後，負債の利息が純損益に影響を与える期間にわたって支払利息に組み替えています。

　当社は，ヘッジ会計を適用する際は，ヘッジ対象とヘッジ手段との間に経済的関係があることを確認するために，ヘッジ対象とヘッジ手段の重要な条件が一致しているか又は密接に合致しており，ヘッジ対象の公正価値又はキャッシュ・フローの変動と，ヘッジ手段の公正価値又はキャッシュ・フローの変動とが相殺し合うかどうかの定性的な評価を通じてヘッジの有効性を評価しています。また，ヘッジ対象とヘッジ手段の経済的関係及びリスク管理方針に基づき適切なヘッジ比率を設定しています。なお，当連結会計年度において，純損益に認識したヘッジ非有効部分は重要ではありません。

《著者注：リスク管理戦略（IFRS7.22A）》

　2019年3月31日及び2020年3月31日現在におけるヘッジ手段の想定元本及び帳簿価額は下記のとおりです。なお，ヘッジ手段の帳簿価額は，連結財政状態計算書において「有価証券及びその他の金融資産」及び「その他の金融負債」又は「その他の非流動負債」に含まれています。

（著者注：2019年3月31日現在は省略しました）

2020年3月31日　　　　　　　　　　　　　　　　　　（単位：百万円）

ヘッジ手段	想定元本		帳簿価額	
		内，1年超	資産	負債
公正価値ヘッジ				
為替リスク	533,740	75,431	11,941	5,715
金利リスク	57,300	47,657	390	1,712
キャッシュ・フロー・ヘッジ				
為替リスク	887,165	24,023	28,561	8,477
金利リスク	175,663	116,325	－	1,134
合計	1,653,868	263,436	40,892	17,038

《著者注：デリバティブの元本と帳簿価額（IFRS7.24A）》

　2019年3月31日及び2020年3月31日現在において公正価値ヘッジを適用

しているヘッジ対象の帳簿価額は下記のとおりです。

（著者注：2019年3月31日現在は省略しました）

2020年3月31日　　　　　　　　　　　　　　（単位：百万円）

公正価値ヘッジ のヘッジ対象	連結財政状態計算書 表示科目	帳簿価額	
		資産	負債
為替リスク	売上債権及び契約資産，有価証券及びその 他の金融資産，短期借入金，長期債務	375,960	157,780
金利リスク	有価証券及びその他の金融資産	41,520	15,780
合計		417,480	173,560

　前連結会計年度及び当連結会計年度において公正価値ヘッジを適用しているヘッジ手段及びヘッジ対象の公正価値の変動並びにヘッジ対象の帳簿価額に含められたヘッジ対象に係る公正価値ヘッジ調整の累計額は重要ではありません。

《著者注：ヘッジ対象の計上科目と帳簿価額（IFRS7.24B)》

　前連結会計年度及び当連結会計年度においてその他の包括利益累計額に計上されたキャッシュ・フロー・ヘッジを適用しているヘッジ手段の公正価値の増減内容は下記のとおりです。

（著者注：2019年3月31日終了年度は省略しました）

2020年3月31日　　　　　　　　　　　　　　（単位：百万円）

	期首残高	その他の包括利益に認識したヘッジ手段の公正価値の変動	ヘッジ対象資産及び負債の帳簿価額へ直接含めた金額	純損益への振替額(a)	期末残高
価格リスク	△36	△698	162	－	△572
為替リスク	△4,204	15,303	△2,902	3,881	12,078
金利リスク	△1,583	416	－	23	△1,144
合計	△5,823	15,021	△2,740	3,904	10,362

(a)　純損益への振替額は，連結損益計算書において，為替リスクについては主に「売上収益」「金融費用」に，金利リスクについては主に「支払利息」に含まれています。

《著者注：リスク区分ごとのその他の包括利益認識額，純損益認識額，振替額
（IFR7.24C）》

日本基準との違い ···

　日本のヘッジ会計は，会計処理の観点からはIFRSのヘッジ会計との大きな違いは
ないといえますが，基本的な考え方を含め，多くの点でIFRSと異なっています。
　日本基準では，「公正価値ヘッジ」と「キャッシュ・フロー・ヘッジ」の区分はな
く，「繰延ヘッジ」と「時価ヘッジ」の考え方を採用しています。日本基準の「繰延
ヘッジ」は荒っぽくいえば，IFRSの「キャッシュ・フロー・ヘッジ」に相当すると
いえます。「繰延ヘッジ」の対象は有価証券に限定されています。

···

会計処理のまとめ　ヘッジ会計

　　ヘッジとは，リスクを軽減する（またはなくする）ための行動で，対応して
使用される用語はスペキュレーションです。スペキュレーション（賭け）は，
避けるべきリスクが存在しないことを前提としています。「ヘッジ会計」とは，
端的にいえば，リスクにより発生する損益をヘッジするために，「ヘッジの対象
（リスクを有しているもの）」からの損益と「ヘッジ手段（主に，デリバティブ）」
からの損益を同じ期間に計上して，効果を相殺する会計です。
　　ヘッジの方法，会計処理，条件は，計上済みの資産・負債（「公正価値ヘッジ」
の対象）と未計上の取引（「キャッシュ・フロー・ヘッジ」の対象）で異なります。
　　この「ヘッジ会計」の適用には多くの条件が要求されます。まず，「ヘッジ会
計」の適用のためには，「ヘッジ対象」と「ヘッジ手段」の指定が必要です。
「ヘッジ対象」と「ヘッジ手段」の関係が「ヘッジ関係」で，「ヘッジ関係」に
は「公正価値ヘッジ」，「キャッシュ・フロー・ヘッジ」，「海外活動への純投資
のヘッジ」の３つの種類があります。「ヘッジ会計」では，この種類に応じて，
会計処理されます。
　　典型的なパターンは以下のとおりです。
　　「ヘッジ手段」を「デリバティブ（公正価値の変動は損益計上される）」と仮
定すると，以下の２つのパターンが考えられます（発生する損益は「ヘッジ対
象」，「ヘッジ手段」ともに50とします）。

パターン１（公正価値ヘッジ）──ヘッジ対象が取得原価などで財務諸表に計上
されており，他の基準書の要求では次期以降に関連する損益が発生する場合

　　ヘッジ手段（デリバティブ）の公正価値の変動は損益として認識されるので，
ヘッジ対象の損益を強制的に公正価値で評価し，当期の損益として認識させます。

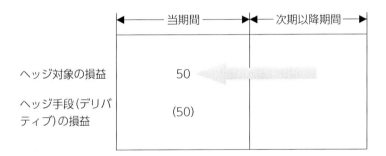

パターン2（キャッシュ・フロー・ヘッジ）――ヘッジ対象（またはヘッジ取引）が財務諸表に計上されておらず，当期に損益は発生していない場合

ヘッジ手段（デリバティブ）の公正価値の変動は「その他の包括利益累計額」に計上し，損益としての認識をヘッジ対象の損益認識時期まで繰り延べます。

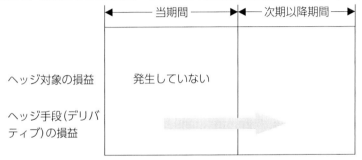

海外活動への純投資のヘッジ

海外活動への純投資（為替の変動リスクに晒されている）に対するヘッジ（キャッシュ・フロー・ヘッジと同様の扱い―ヘッジ対象の損益は，その他の包括利益に計上され，その他の包括利益累計額に累積されるので，ヘッジ手段（デリバティブ）の変動も損益ではなく，その他の包括利益に計上され，その他の包括利益累計額に累積されます）。

ヘッジとして適格であるためには，「ヘッジ対象」と「ヘッジ手段」の高い有効性や関連する取引の文書化等が必要です。また，デリバティブの公正価値情報の開示をはじめ，多くの開示が要求されます。日立の場合には，「海外活動への純投資のヘッジ」はありません。デリバティブの使用は危険であると思われがちですが，適切な管理に基づいて使用すれば，リスク軽減の手段となります。

〔著者紹介〕

長谷川　茂男（はせがわ　しげお）

公認会計士
前中央大学専門職大学院　国際会計研究科特任教授
1974年3月　福島大学経済学部卒業
1974年10月　公認会計士2次試験合格
1974年11月　デロイト・ハスキンズ・アンド・セルズ会計事務所（現有限責任監査法人トーマツ）
　　　　　　　入所
1994年7月～1998年8月　デロイト・アンド・トウシュ・トロント事務所に出向

著書・共著書・訳書

「セグメント情報の会計実務」（中央経済社），「日本の財務諸表が変わる」（中央経済社），「英文財務諸表入門」（税務研究会），「よくわかるIAS」（清文社），「アメリカ会計セミナー」（シュプリンガー・フェアラーク東京），「国際財務報告基準の実務」（中央経済社），「会計センス養成講座」（中央経済社），「M&Aの会計実務」（中央経済社），「会計コンバージェンスのしくみ」（中央経済社），「IFRSの経理入門」（中央経済社），「英和・和英 コンパクトIFRS用語辞典」（中央経済社），「IFRS適用のための修正仕訳ガイドブック」（中央経済社），「IFRSの開示ガイドブック」（中央経済社），「米国会計基準ガイドブック」（中央経済社），「○×でわかるIFRSの基礎知識」（中央経済社），「表解 IFRS会計講義」（中央経済社），「IFRS企業結合会計の実務」（中央経済社）

IFRS財務諸表の読み方ガイドブック

2021年7月1日　第1版第1刷発行		
2024年7月10日　第1版第4刷発行		

著　者　長　谷　川　茂　男
発行者　山　本　　　継
発行所　㈱中　央　経　済　社
発売元　㈱中央経済グループ
　　　　　パ　ブ　リ　ッ　シ　ン　グ

〒101-0051　東京都千代田区神田神保町1-35
電話　03（3293）3371（編集代表）
　　　03（3293）3381（営業代表）
https://www.chuokeizai.co.jp

製版／㈱堀内印刷所
印刷・製本／㈱デジタルパブリッシングサービス

© 2021
Printed in Japan

＊頁の「欠落」や「順序違い」などがありましたらお取り替えいたしますので発売元までご送付ください。（送料小社負担）

ISBN978-4-502-39071-5　C3034